Der japanische Geist

Karl Löwith

Der japanische Geist

Aus dem Englischen
von Alexander Brock

Mit einem Vorwort von Lorenz Jäger

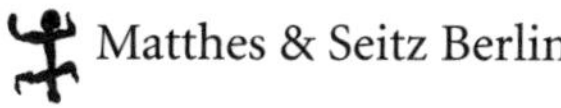
Matthes & Seitz Berlin

Lorenz Jäger

Vorwort

Soziologen, Sozialpsychologen, Psychoanalytiker, Ethnologen und Philosophen waren in den Vereinigten Staaten in der ersten Hälfte der vierziger Jahre aufgefordert, sich über die Mentalitäten der Kriegsgegner nach ihren professionsspezifischen Möglichkeiten zu äußern. Daraus ging eine ganze Gattung kulturwissenschaftlicher Literatur hervor. Ihre bekanntesten Beispiele sind Siegfried Kracauers »Von Caligari zu Hitler. Eine psychologische Geschichte des deutschen Films« und Ruth Benedicts Japan-Studie »The Chrysantemum and the Sword. Patterns of Japanese Culture«, die zwar erst 1946 erschien, aber direkt im Auftrag des »War Information Office« entstanden war. Mit der ebenso berühmten wie fragwürdigen Unterscheidung einer westlichen »Schuld-« von einer japanischen »Schamkultur« wirkt sie bis heute. Kracauers Buch gehört zum großen Komplex der Geschichtsdeutungen, in denen nach 1945 die deutsche Katastrophe in die Vergangenheit, zu Bismarck, Friedrich dem Großen oder zu Luther verlängert wurde, zur literarischen Gattung der »Genealogie des Bösen«. Es waren diese und ähnliche Schriften, aus denen man Maximen für die »Re-

Education« der Nachkriegszeit ableiten wollte. Überhaupt hatte sich der Akzent Anfang der vierziger Jahre sehr in Richtung Sozialpsychologie verschoben. Kurt Lewin etwa, wie Kracauer als Emigrant in die Vereinigten Staaten gekommen, hatte in Deutschland als Gestaltpsychologe begonnen und wurde nun zu einem Erforscher von Gruppen.

Eine »Nationalpsychologie« der Japaner zu entwerfen war auch die Absicht des Philosophen Karl Löwith. Er, Jahrgang 1897, Schüler Edmund Husserls und vor allem Martin Heideggers, war zunächst nach Italien emigriert, wo er ein Rockefeller-Stipendium erhielt. Von 1936 bis 1941 lehrte er in Japan an der Universität Sendai. »Japans Verwestlichung und moralische Grundlage«, niedergeschrieben 1942 bis 1943, ist eine Reflexion im Kriege. Ebenso sprechend der charakteristische Untertitel der Schrift über den japanischen Geist: »Ein Porträt der Mentalität, die wir verstehen müssen, wenn wir siegreich sein wollen«. Eine der Leitfragen ist die nach der spezifischen Kampfmoral, die vom japanischen Gegner erwartet werden kann. Dennoch kann man zugestehen, dass die anschaulichen Evidenzen der beiden knappen Essays auch den heutigen Leser frappieren, wenn er sich einmal in Japan umgeschaut hat.

Wir hören aber nicht zuletzt den Philosophen Löwith. Ihm war es von Beginn an um eine Deutung der Nachwirkung christlicher Gehalte im europäischen Bewusstsein gegangen, vor allem in der Geschichtsphilosophie. Von der »maßlosen Frage«

der Heilsgeschichte hat er einmal gesprochen und dagegen die Bescheidenheit der Griechen gerühmt; noch einmal wurde die Denkgeschichte des Abendlandes vom Gegensatz antiker und christlicher Auffassung her aufgerollt. So überrascht es nicht, auch wenn es für einen Schüler Heideggers ungewöhnlich gewesen sein mochte, dass er 1928 im »Logos« seine Abhandlung »Ludwig Feuerbach und der Ausgang der klassischen deutschen Philosophie« veröffentlichte. Jürgen Habermas hat bei Löwith den »stoischen Rückzug vom historischen Bewusstsein« am Werk gesehen. Dies vorausgesetzt, muss es für Löwith eine Irritation und zugleich eine Bestätigung bedeutet haben, wenn er in Japan auf eine gleichsam intakte Antike traf: »Der Familienschrein in jedem Haushalt ist eine ständige Erinnerung an die religiösen Bräuche und Kulte der Griechen und Römer, und das Heidentum ist hier noch immer eine lebendige Kraft, so frisch und ursprünglich wie vor Christi Geburt.« Löwith war auf eine genuin unchristliche Gesellschaft gestoßen. Dass sie die »Weltgeschichte« nicht als »Heilsgeschehen« interpretieren konnte, wie es der Philosoph den Europäern vorhielt, lässt sich an einem einfachen Faktum ablesen. Die Jahre werden nicht nach der Weltschöpfung gezählt wie bei den Juden, nicht nach der Flucht des Propheten Mohammed nach Medina wie bei den Muslimen, nicht nach der Geburt des Erlösers wie bei den Christen – sondern nach der Anzahl der Jahre, die der jeweilige Kaiser herrscht. So schreibt man heute,

2013, das Jahr Heisei 25, Heisei ist dabei der Programmname des gegenwärtigen Tenno Akihito und bedeutet eine umfassende Friedenserklärung oder -absicht.

In diesen Zusammenhang gehört, was Löwith über das Pragmatische und Situative des japanischen Geistes ausführt. Man kann diese Beobachtungen wohl in seinem Sinne religionspolitisch verallgemeinern. Denn die bloße Frage nach der Konfession bringt Japaner leicht in Verlegenheit, wenn sie nicht etwa der kleinen christlichen Minderheit angehören. Sie sind ja beides, sie praktizieren die Riten des Shinto und sind doch zugleich Buddhisten, und dies je nach Anlass. Eine Hochzeit wird nach den Riten des Shinto gefeiert, weil im Kern des Mythos eine Idee der Fruchtbarkeit und der Familie steckt. Eine Beerdigung dagegen wird nach buddhistischem Brauch vollzogen, weil bei diesem Anlass ein Minimum von Transzendenz zwingend wird. Man besucht den Schrein, man besucht den Tempel. Und weil der Shinto kaum eine dogmatische Fixierung erfahren hat, ja kaum als »Bekenntnis« bezeichnet werden kann, sondern eher als eine traditionale Praktik, wird auch der marxistische Universitätsprofessor bei seiner Hochzeit keine Gewissensbisse haben.

Kriegsschriften sind Löwiths Japan-Essays insofern, als er das Widersprüchliche im Nationalgeist sieht, das Amalgam aus Ost und West, und zwar als einen

Mangel, als einen »Komplex«. Diese Diagnose ist nicht von vornherein falsch, ja sie mag in den vergangenen Jahrzehnten noch an Evidenz gewonnen haben. Seit den Giftgas-Anschlägen der Aum-Sekte auf die Tokioter U-Bahn am 20. März 1995 ist es offensichtlich geworden, dass in der japanischen Gesellschaft eine religiöse Leere herrscht. Manche Comics, etwa die Reihe »Neon Genesis Evangelion«, präsentieren deshalb ein Chaos von globalen Religionsfragmenten. Nach den ersten Bildern aus dem Jahr 2015 – sie zeigen, nicht ohne Witz, Blauhelm-Panzer als Küstenwache des Inselreiches – erfährt man, dass Aliens die Erde angegriffen haben. Sie nennen sich »Engel«. Am Verhältnis zu den Tieren und zu den Göttern, so könnte man die Botschaft aus Japan übersetzen, entscheidet sich, wer wir sind.

Was die japanische Religionspraxis betrifft, so hat Löwith in einem Punkt eine besonders triftige Vermutung geäußert. Er sah den inneren Zusammenhang von Militarismus und Zen-Buddhismus sehr viel klarer als die späteren Zen-Adepten der kalifornischen Gegenkultur und der Beat-Generation, wenn man an Jack Kerouacs Buchtitel »Gammler, Zen und hohe Berge« (1958) denkt, oder an postmoderne Aneignungen wie »Zen und die Kunst ein Motorrad zu warten« (1974) von Robert M. Pirsig. Über das kritische Buch »Zen at War«, das 1997 mit einem ähnlichen Argument aufwartete wie Löwith 1943, ist die Diskussion seither nicht mehr abgerissen.

Sehr skeptisch sieht Löwith die Verzichtbereitschaft und Selbstlosigkeit der Japaner. Mit der Heilgeschichte entfällt das vom Christentum gebildete Individuum. Deshalb gelingt es Löwith, den grundsätzlichen Unterschied zwischen den europäischen Totalitarismen und dem japanischen Militarismus festzuhalten. Man kann aber fragen, wie in einem Land, das immer schon ungleich dichter besiedelt war, weil die bewohnbare Fläche sehr klein ist, ein Zusammenleben anders möglich gewesen wäre. Das ist natürlich nur ein naturalistisches Argument. Es finden sich aber weitere, ein grammatisches zunächst. Der Deutsche würde etwa fragen: »Gehen wir?« und ein Subjekt der Handlung zwingend erkennbar machen müssen. Genau dies wird in der japanischen Sprache vermieden – »Ikimasu-ka?« bedeutet schlicht »Gehen?«, und das Subjekt erschließt sich zwanglos aus dem Kontext. Ein drittes Argument, aus dem sich die »Selbstlosigkeit« erklären lässt, betrifft die Schriftzeichen. »Mensch« oder »Person«, in den beiden Lesarten »-jin« oder »hito« möglich, besteht aus zwei gleichsam aneinandergelehnten Strichen, ähnlich dem kleingeschriebenen griechischen Buchstaben »Lambda«. Es mag eine naive Auslegung sein – aber hier scheint sich der stärkste Gegensatz zum englischen Wort »I« anzudeuten, bei dem das Ich groß, aufrecht und isoliert steht. Und keine japanische Mutter wird versäumen, ihrem Kind die erste soziologische Weisheit beizubringen: Dass Person sein heißt, dieses Aneinanderlehnen, Aufeinander-Angewiesen-Sein zu beachten.

Andererseits gibt es Individualität durchaus. Sie formt sich freilich anders als in westlichen Gesellschaften. Bei Löwith klingt sie in der fast karikierenden Beschreibung von Universitätskollegen an: »Zwar gab es immer noch Professoren, die alle zwei Jahre denselben veralteten Kurs zur deutschen Mythologie in den Opern Richard Wagners, zu Goethes ›Italienischer Reise‹ oder zur Interpunktion in den Gedichten William Blakes anboten.« Gewiss hat der japanische Gelehrte meist eine andere professionelle Sozialisation erfahren. Er ist doch nur in seltenen Ausnahmefällen ein Intellektueller im europäisch-amerikanischen Verständnis, in jenem, das inzwischen mit der merkwürdig redundanten, aus den Vereinigten Staaten übernommenen Bezeichnung »öffentlicher Intellektueller« gemeint ist. Oft begnügt sich der japanische Germanist damit, den frühen Thomas Mann oder den späten Hesse gut, ja sehr gut zu kennen – aber ein Forum für weitergehende Interventionen findet er kaum. Selbst die Universitäts-Marxisten kaprizieren sich gern auf philologische Mikroprobleme und hoffen, mit der Lesart einer Stelle im dritten Band des »Kapitals« die Aufklärung des Menschengeschlechts entscheidend weiterzubringen. Japans Kultur ist unendlich reich, nur einen Demosthenes, einen Cicero oder gar einen Danton hat sie nicht hervorgebracht. Löwith hat es einmal auf die härteste, verallgemeinernde Formel gebracht: Japaner könnten nicht reden, glaubte er. Das war richtig und falsch zugleich. Natürlich können Japaner reden, aber eine Tradition des philosophischen Dialogs oder der politischen Rhetorik steht nicht bereit, so wenig wie die japanische Stadt den Platz kennt, den öffentlichen Versammlungsort im Zentrum, um den sich der Rest gliedert. Natürlich gibt es die Rede. Ich erinnere mich einer Teezeremonie im Norden, ausgerichtet von einer Meisterin. Der Uni-Kollege, der mich so liebenswürdig mitgenommen hatte, erklärte mir den Ablauf: Hier muss man geradezu reden, Stille ist verpönt, aber vieles ist stilisiert und der thematische Rahmen vorgegeben: das Lob der Keramik und der Glasur, der umgebenden Natur, der Vollendung der Gesten, der Herkunft des Tees selbst. Diese Zurücknahme der Rede in die Stilisierung mag auch ihr Gutes haben. In einem alten Film kann man den Kriegspremier Hideki Tojo sehen, den Verbündeten Hitlers und Mussolinis, der zu einer Versammlung spricht. Nichts von der expressiv überdrehten, bei Mussolini auch grimassierenden Lautstärke. Alles gemessen, ganz offenbar sachlich, und im Publikum kein exaltiertes »Heil!«-Geschrei, sondern das zurückhaltendste Beifallklatschen, das man sich vorstellen kann.

Aus dem Krieg, den Löwith vor Augen hatte, ist ein Kulturkampf geworden. Seit zwei Jahrzehnten haben japanische Produkte für die Altersgruppe der Vier- bis Achtzehnjährigen einen beispiellosen Erfolg in westlichen Ländern verzeichnen können. Am Anfang stand der Walkman der Firma Sony. Bis dahin hatte man die Japaner für bloße Nachahmer der westlichen Technik gehalten – auch für Löwith ist das der zentrale Topos – und sie waren es im Grunde auch hier, weil sie ein deutsches Patent benutzten. Aber allgemein gilt wohl, dass Japan in der *Nachahmung* eine eigentümliche *Kreativität* beweist: Produkte aus Japan sind leicht und handlich, wie der japanische Buddhismus praktischer ist als der indische, unspekulativer, spontaner; wie auch das japanische Gebet eine Angelegenheit von Sekunden ist, abgeschlossen mit lautem Klatschen der Hände. Der Walkman wurde zu einem Accessoire der Popwelt. In den Kinderzimmern sieht man heute einen Kulturkampf, bei dem die Hegemonie der aus den Vereinigten Staaten importierten Bilderwelt herausgefordert wird. Japanische Mangas erinnern mit ihren kühnen Perspektiven an die traditionelle Bildwelt der japanischen Farbholzschnitte, auch wenn die nach dem Kindchenschema gezeichneten obligatorischen großen Augen erst in der Nachkriegszeit Mode wurden. Die Bilder wählen andere Ausschnitte als die Comics der amerikanischen Tradition, so dass es für Erwachsene, die mit den Fantastischen Vier oder Superman groß wurden, geradezu einer neuen visuellen Sozialisation bedarf, bis sie einen Sinn erkennen können. Meist sind es jugendliche Helden, die nach kurzer Zeit in Kämpfe und Zustände höchster Erregung geraten, mit weit aufgerissenem Mund erleben sie Explosionen oder werfen sich dem Feind entgegen. Auch Löwith sah schon im Kabuki-Theater dieses expressive Schema: einen »plötzlichen Umschlag von Ruhe und Selbstbeherrschung in dramatische Gefühlsausbrüche und fürchterlichen Zorn«. Man wohnt auf einer Erde, die oft bebt, auf vulkanischem Grund. Auch das erinnert an ein Stilprinzip der japanischen Kunst: den Menschen im Moment hoher Anspannung zu zeigen. Ja man kann vermuten, dass die Bereitschaft zur motorischen Spannung, die schon lange vor der Öffnung zum Westen die Japaner auszeichnete, der schnellen Assimilierung an die kapitalistische Wirtschaft zugrunde lag. Während die indische Kunst den Menschen in einer repräsentativen, gern statuarischen Pose zeigt, halten schon die japanischen Farbholzschnitte des achtzehnten Jahrhunderts einen gespannten Augenblick fest, Menschen bei der Arbeit auf den Reisfeldern oder die nach innen schielenden Augen der Schauspieler des Kabuki-Theaters. Japan war insofern immer schon moderner als seine Nachbarn. Wie für Preußen – diesmal ist der Vergleich sachgemäß – ist sein Schicksal die exzentrische Position, eben nicht »Reich der Mitte« zu sein wie China, sondern »Land der aufgehenden Sonne«, wie es sich schon in den Schriftzeichen ausspricht. Man kann eine Alltagsbeobachtung anschließen: Japaner bewegen sich schnell oder simulieren andeutend eine schnelle Bewegung selbst in Situationen, wo sie nicht zwingend ist. Auch bei Grün überquert man die Straße eilend. Eine Aufführung des »Hamlet« in Japan zeigte den alten Polonius – für uns völlig ungewohnt – rennend auf der Bühne. Die Beschleunigung des Kapitalismus war für Japaner nichts Fremdes, in ihrer Tradition hatten auch sie entsprechende Schemata des Habitus. Löwith aber neigt dazu, solche immanenten Potenziale der japanischen Moderne zu übersehen.

Um auf die Gegenwart zurückzukommen: Für japanische Comics wie die »Banzai«-Serie ist ein Schwanken zwischen den Bildern unschuldiger Schulmädchen und der lolitahaften Sexualisierung des Mädchenkörpers charakteristisch. Vielleicht ist deshalb Arthur Koestler dem Rätsel Japan näher gekommen als Löwith, als er feststellte, dort seien das spartanische und das hedonistische Ideal in weltgeschichtlich einmaliger Weise verschmolzen worden. Und zwar nicht erst seit gestern. Liest man Löwiths Essays, dann möchte man nicht glauben, dass er jemals in einer der heißen Quellen gebadet hat, in denen – natürlich nach Geschlechtern getrennt – die körperliche Nähe zwischen Wildfremden die Regel ist.

Es lohnt sich, die alternativen Japan-Lesarten von Löwiths Zeitgenossen jedenfalls anzudeuten. Henri Michaux (1899 bis 1984) hatte Anfang der dreißiger Jahre eine große Reise nach Asien unternommen. In seinem wilden und, was Japan betrifft, fast pamphletistisch-feindseligen Buch »Un barbare en Asie« zeigte er sich zwar vom japanischen Militarismus abgestoßen, war aber in seiner Diagnose des Modernisierungsprozesses zu einem ganz anderen Befund gekommen: Ihm erschien gerade Japan eine realisierte architektonische Bauhaus-Welt zu sein, alles andere als vormodern, sondern immer schon von überraschender Modernität. Der Wirtschaftswissenschaftler Kurt Singer (1886 bis 1962), Löwiths Exil-Genosse in Japan, war aus dem Kreis um Stefan George gekommen. Sein Buch »Mirror, Sword and Jewel. The Geometry of Japanese Life« (deutsch unter dem Titel »Spiegel, Schwert und Edelstein. Strukturen des japanischen Lebens«, Frankfurt/Main 1996) hat gleichfalls eine hohe anschauliche Evidenz bis heute bewahrt, verfasst wurde es nach dem pazifischen Krieg. Der Leser, der seine Darstellung der japanischen Mutter-Kind-Beziehung liest – lange Zeit wird das Kind auf dem Rücken transportiert und dämmert im Halbschlaf dahin, getragen vom Rhythmus eines größeren Wesens –, dieser Leser mag sich der merkwürdigen japanischen Sitte erinnern, noch bei der kürzesten U-Bahn-Fahrt die Augen zu schließen und die Zeit für ein Nickerchen zu nutzen. Singer, geboren in Magdeburg als Sohn eines bereits zum Protestantismus konvertierten jüdischen Kaufmanns, war ein Schüler des Soziologen Georg Simmel, bei dem er mit einem Referat über die Darstellung der Sünde in den Bildern Aubrey Beardsleys Anklang fand. Auch seine Liebe zu den japanischen Meistern des Farbholzschnitts, die er schon als Jüngling entdeckte, fand bei Simmel ein Echo: »Wir versammelten uns«, so erinnerte sich Singer später, »in seinem Wohnzimmer, wo Frau Simmel unter einer großen Boticelli-Reproduktion in anmutiger Würde saß und uns Tee einschenkte, inmitten von Werken ostasiatischer Kunst«. Hinter Singers Platon-Buch von 1927 stand die Frage nach der inneren Aushöhlung des Mythos, nach dem kulturellen »waste land«, das die Kunstproduktion verbarg. Ein ekstatisch-kultischer Kern sollte jenseits der statuarischen Gestalt in den Göttern wiedergefunden werden: »Reste des Reigens, des Dithyrambos, der Frühlingsfeier, also eines Ritus: Verewigung dieser Begehungen und ihrer menschlichen Träger.« Es ist eine pagane Theologie, hinter der konkrete homoerotische Wunschfiguren sichtbar werden: die der »Knaben, die alljährlich in das Tal Tempe gesandt werden«. In dem »thebanischen Knaben, der für ein Jahr zum Priester Apollons ernannt und mit dem Kranze geschmückt wurde und der den Beinamen Daphnephoros führt, dürfen wir das Urbild, wenn auch nicht den Ursprung des Gottes selber sehen.« Fast gleichlautend kehrt diese antike Szene im Japan-Buch wieder, wo Singer die wilde Spontaneität der Prozessionen positiv von der rational-disziplinierten Form Chinas absetzt: »Häufig werden die Götter durch die Straßen getragen, nicht von Priestern, sondern von jungen Männern und Knaben.« Singer wäre kein George-Adept geworden, wenn er den festlichen, erotischen Kern der Kulturbildung verkannt hätte. Auffällig sind schließlich die langen Überlegungen zum »femininen« Charakter des japanischen Mannes und der japanischen Kultur, mit denen das Buch beginnt. Singers frühe Beschäftigung mit der Sünde, seine späte Arbeit zum

Verführungssymbol der Schlange weisen auf Dimensionen seiner intellektuellen Identität. Kurt Singers Blick auf Japan war von erotischem Begehren geprägt, bei Löwith kann davon keine Rede sein.

Mögen also die anekdotischen Evidenzen zu Löwiths Thesen sich im Überfluss beibringen lassen – im methodischen Ansatz der Sozialpsychologie und der Erforschung von Mentalitäten der vierziger Jahre war ihre Crux schon angelegt. Der Feind konnte, das war die stillschweigende Voraussetzung, keine realen Kriegsgründe geltend machen, und so oblag es der Forschung, die Irrtümer und Verblendungen des Feindes in seinen Komplexen auszumachen.

Wer dagegen historische Karten lesen kann, ist vor manchem naheliegenden Irrtum über den Ausbruch von Kriegen gefeit. Schon die Antike unterschied methodisch zwischen Ursachen und Anlässen bewaffneter Konflikte. Der Angriff der Japaner auf den amerikanischen Marinehafen Pearl Harbor im Dezember 1941 markiert sicher den Beginn des pazifischen Krieges. Aber wer einen weltgeschichtlichen Atlas zur Hand nimmt, sieht die lange Vorbereitungszeit der japanischen Expansion in der Nachbarschaft: Korea wurde 1910 annektiert und zur japanischen Provinz erklärt, vorhergegangen war schon 1895 Taiwan. 1931 besetzte Japan die Mandschurei und errichtete im Norden Chinas den Marionettenstaat Mandschukuo. Aber auch die gegenstrebige pazifische Ausbreitung der Vereinigten Staaten fällt hier auf: 1898 wurde Hawaii einverleibt, 1899 fand sich die Insel Guam unter amerikanischer Verwaltung wieder, dann wurden in einem langen Krieg auch die Philippinen zur Kolonie gemacht. Damit war schon der Hinterhof Japans erreicht. Ein Zusammenstoß der beiden Mächte lag also nahe, wenn man sich die Tendenzen ihrer Ausbreitung vor Augen führte. Hier war der blinde Fleck auch von Karl Löwiths »Nationalpsychologie« des japanischen Volkes.

Karl Löwith

Der japanische Geist

1943

Ein Porträt der Mentalität, die wir verstehen müssen, wenn wir siegreich sein wollen

Die Japaner tragen zwei Arten von Kleidung – Kimonos daheim und Anzüge im Büro. Ebenso leben und denken sie auf zweierlei Weise, wie manche Amphibien, die Lungen und Kiemen haben. Ihr Leben verläuft auf zwei Ebenen, bestimmt durch die Traditionen des fernöstlichen Altertums und der westlichen Moderne. Das Problem für uns und Japan ist nun, diese Gegensätze miteinander zu versöhnen. Die Japaner behaupten, sie seien ungewöhnlich aufgeschlossen und fähig zur Synthese. Die meisten von ihnen glauben, das Alte mit dem Neuen in Einklang gebracht zu haben. Sie möchten die besten Elemente ihrer ureigenen Kultur bewahren, ihr aber die Errungenschaften der westlichen Zivilisation hinzufügen und so die Völker des Westens übertreffen. Sämtliche mir bekannten Japaner glaubten, sie hätten alles gemeistert, was von uns zu lernen war, und es noch »verbessert«. Sie glaubten, Japan stünde jetzt über uns. Ausländer meinen jedoch, der Begriff »modernes Japan« sei ein Widerspruch in sich, obwohl das moderne Japan existiert. Was modern ist, stammt aus dem Westen, und was »Nippon seishin« ist, also echt japanisch, ist nicht modern, sondern undenkbar alt. Daher sind die beiden japanischen Lebensweisen nicht gleichrangig. Die Verwestlichung war Mittel zum Zweck – Japan ist ein Zweck an sich. Das wirkliche Leben, Fühlen und Denken Japans ist im Wesentlichen unverändert geblieben, trotz der »Öffnung« Japans im Jahre 1868. Die Japaner leben in zwei Etagen, ganz japanisch im Erdgeschoss und halb verwestlicht im Obergeschoss. Das Ergebnis dieser mangelhaften Integration ist eine zwiespältige Haltung zur westlichen Zivilisation. Unfähig, sie vollständig zu durchdringen, fühlen sich die Japaner von ihr abhängig und ihr dennoch überlegen. Sie bewundern und imitieren sie, aber verachten sie auch und fühlen so gleichzeitig Minderwertigkeit und Überlegenheit. Sie bewundern die rationale Energie der Weißen, ihren Erfindungsreichtum und ihre Schöpferkraft, doch sie verachten unsere Zivilisation wegen ihres Materialismus, ihrer Sorge um Leben und Komfort, um persönliches Glück und Wohlstand. Der Durchschnittsjapaner ist viel weniger materialistisch eingestellt als der Mensch des Westens. Er ist im Geiste der Genügsamkeit, der Bescheidenheit und der Einfachheit erzogen worden. Das Problem der Integration einer fremden Zivilisation stellt sich jedoch völlig anders dar, wenn man Japans kulturelle

Abhängigkeit von China betrachtet. Obwohl die Japaner betonen, dass sie ihr chinesisches Erbe in etwas ganz und gar Japanisches verwandelt haben, fühlen sie sich China kulturell nicht überlegen. Sie bedauern nur, dass sie das chinesische Volk nicht dazu bewegen konnten, ihren Plan einer gemeinsamen großasiatischen Wohlstandssphäre zu unterstützen. Eine der bittersten und häufigsten Erfahrungen der Japaner im besetzten China ist die grenzenlose Verachtung, die die Chinesen sie spüren lassen. Dabei hätten sie China gern zum Freund, um gemeinsam mit ihm die Ausbeutung und Einmischung durch den Westen zu beenden. Der Unterschied zwischen der japanischen Einstellung zum Westen und zum chinesischen Erbe ist leicht zu erklären. Die Aneignung der chinesischen Kultur begann schon im 6. Jahrhundert, während die westliche Kultur Japan erst vor siebzig Jahren erreichte. Von China übernahm Japan den Buddhismus und Konfuzianismus, Kunst, Literatur, Gelehrsamkeit und die Schriftzeichen; vom Westen hauptsächlich Industrie, Kapitalismus und das Militärwesen sowie die hierfür nötigen wissenschaftlichen Methoden und nur wenige religiöse, moralische und pädagogische Grundwerte. Ein Teil der chinesischen Kultur wurde tatsächlich in die japanische integriert; die westliche Zivilisation ist nur angefügt und adaptiert. Nach einer Phase naiver und hektischer Nachahmung haben sich die Japaner wieder auf ihre Werte besonnen. Der jähe Übergang von einer Feudalordnung zur Industrienation war zunächst so verwirrend, dass die Japaner selbst meinten, nun eine moderne Nation zu sein. Sie glaubten, so zu leben und zu denken wie wir, also völlig anders als ihre Vorfahren. Doch diese Illusion schwand. Selbst die verwestlichsten Intellektuellen teilten im Prinzip die allgemeine Ablehnung der westlichen Ideale. Das Studium der chinesischen und japanischen Klassiker erfuhr einen beachtlichen Aufschwung. Zwar gab es noch immer Professoren, die alle zwei Jahre denselben veralteten Kurs zur deutschen Mythologie in den Opern Richard Wagners, zu Goethes »Italienischer Reise« oder zur Interpunktion in den Gedichten William Blakes anboten. Doch das wahre Interesse der Japaner richtete sich auf andere Dinge wie etwa den traditionellen Kagura-Tanz, den maskierte Tänzer alljährlich auf den Festen der Shinto-Schreine aufführen, oder auf die Tagebücher des Dichters Bashō, der im 17. Jahrhundert durch Japan reiste, oder die »Manyō-Shū«, die älteste japanische Lyriksammlung. Die gleichen Widersprüche zeigen sich in der philosophischen Ausbildung. Die Japaner hatten ursprünglich einen recht naiven Respekt vor unseren Ideengebäuden und studierten sie jahrelang geduldig und ohne materielle Ansprüche. Dieses Studium hat allerdings in ihrer Weltsicht keine Spuren hinterlassen. Sie lasen Hegel, Platon und Hume im Original, und mindestens ein Japaner las das Alte Testament auf hebräisch. An der Universität Sendai, wo ich Philosophie lehrte, hatte ich einen japanischen Assistenten, der die deutsche Literatur des Mittelalters in den Originaltexten studiert hatte, die ich selbst nicht lesen konnte. Und was hat ihnen all diese westliche Weisheit gebracht? Vielleicht bloß schlechte Augen; vielleicht gewannen sie auch mehr als alle westlichen Studenten, die das Kojiki oder Konfuzius in Übersetzungen lesen. Ich glaube aber nicht, dass ihr Denken oder Fühlen davon wesentlich beeinflusst wurde. Mit Ausnahme des deutschen und englischen Sprachunterrichts durch zum Teil hochbezahlte Ausländer erfolgte die Vermittlung der westlichen Kultur fast nur durch einheimische Professoren, die einige Jahre in Europa oder Amerika verbracht hatten. Die meisten japanischen Philosophiedozenten hatten in Deutschland studiert. Während der Inflation hatten sie ganze Bibliotheken für ihre Universitäten angekauft, und ich war überrascht, in Sendai drei komplette Ausgaben der klassischen deutschen Philosophen zu finden. Und sie hatten die Bücher nicht nur gekauft, sondern studierten sie pedantisch und aufs Genaueste und sammelten sämtliche Artikel zu einem bestimmten Thema. Es gab japanische Hegelianer, Kantianer und Phänomenologen, und die Inhaltsverzeichnisse ihrer Philosophiezeitschriften waren nahezu Spiegelbilder der Diskussionen, die unsere Zeitschriften füllten. Nur widerstrebend und unter dem Druck der politischen Ereignisse sahen die japanischen Studenten die Notwendigkeit einer Veränderung ein. Sie erkannten die Sterilität ihres Versuchs, ausländische Philosophien zu reproduzieren, und spürten, dass ein japanisches Muster gebraucht wurde. Sie merkten, dass sie sich zwischen zwei Stühle gesetzt hatten. Sie waren beim Reproduzieren des westlichen Denkens gescheitert und hatten gleichzeitig die Verbindung zu ihrer nationalen Tradition verloren. Also überprüften sie die westliche Denkweise und begannen sie für ihre Zwecke umzubilden, wobei sie unsere philosophischen Methoden gebrauchten und auch missbrauchten, um ihre eigene Tradition zu interpretieren. Das Ergebnis dieses Versuchs, einer Aufgabe für Generationen von Denkern, lässt sich kaum vorhersagen. Ein extremes Beispiel für die Nachteile einer schnellen Anpassung liefert ein japanischer Hegelianer von der Kaiserlichen Universität Tokio, der verkündete, Hegels logisches Prinzip sei ein geeignetes Schema für das Verständnis der japanischen Mythologie. Für ihn erhellt Hegels Prinzip von These, Antithese und Synthese die drei berühmten Geschenke der Sonnengöttin Amaterasu an den himmlischen japanischen Kaiser, die noch heute im heiligen Shinto-Schrein in Ise aufbewahrt werden – das Schwert, den Spiegel und das Juwel. Eine ähnliche »Interpretation« eigener Traditionen auf der Basis westlichen Denkens stammt von einem Philosophen nach dessen Bekehrung zu einem extremen panjapanischen Nationalismus. In einem Vortrag über die Mission Japans vor einem deutschen Publikum erwähnte er zwei Bücher, die auf seinem Schreibtisch lägen, die »Gespräche« des Konfuzius und Hitlers »Mein Kampf«. Er interpretierte diesen durch jenen. Davon ausgehend, dass die politische Weisheit des Konfuzius viel mit der Hitlers gemeinsam habe, machte er sie zum Gegenstand einer vergleichenden Studie mit einzigartigen Ergebnissen. Er glaubte im Ernst, das moderne China habe seine kostbare konfuzianische Tradition durch den Marxismus ersetzt und Japan müsse die östliche Tradition retten. Noch vor einer Generation hätte ein Professor wie er sich überhaupt nicht mit Konfuzius befasst. Hegels Logik für ein philosophisches Verständnis des Shinto zu verwenden und Hitler für eine Interpretation des Konfuzius ist zweifellos erstaunlich, wenn nicht gar lächerlich. Es zeigt jedoch das große Unbehagen an der bloßen Reproduktion der westlichen Philosophie wie auch das Bemühen um eine Integration des politischen Selbstgefühls der Japaner in ihr geistiges Leben. Die Frage ist natürlich, ob die japanische Intelligenz überhaupt mit dem westlichen Denken vereinbar ist.

Nicht Wissenschaft, sondern Intuition

Die östliche Philosophie unterscheidet sich ihrem Wesen nach von der des Westens. Dies haben auch japanische Gelehrte erkannt. So schreibt J. Harada, Professor am Kaiserlichen Museum der Künste: »Unser Auffassungsgabe ist mehr intuitiv als wissenschaftlich. Wir verstehen eher durch Intuition als durch Untersuchung und Analyse. Wir neigen nicht zur Logik.« Ebenso D. T. Suzuki, ein führender Vertreter des japanischen Buddhismus: »Philosophie ist bei uns Intuition und nicht das Hantieren mit Begriffen.« Und der Philosoph Kitaro Nishida bemerkt zu Recht: »In Japan war das Problem der absoluten Wirklichkeit noch nie Gegenstand wissenschaftlicher Analyse, obwohl unserer Kultur doch eine bestimmte Denkweise und Weltanschauung zugrunde liegen muss.« Die wahre japanische »Philosophie« oder, besser: Ihre wahre Denkweise, bestand nie aus logischen Konzepten. Typisch für sie ist eher ein direkter, intuitiver Zugriff auf die Dinge, der sich in paradoxen Bildern ausdrückt. Japan hat gegenwärtig nur einen originellen Denker, Nishida, der es an gedanklicher Tiefe und Scharfsinn mit jedem lebenden westlichen Philosophen aufnimmt. Dennoch ist er kein westlicher Denker. Es gibt keinen japanischen Philosophiestudenten, der nicht beeinflusst wäre von seiner Persönlichkeit und seinem Werk, das in dreizehn Bänden das gesamte Feld der philosophischen Interessen umspannt. Nishida ist Buddhist mit einer Ausbildung im Zen. Er liest Deutsch, Französisch und Englisch, obwohl er im Gegensatz zu seinen Kollegen noch nicht in Europa war. Vielleicht versteht er die westliche Philosophie deshalb besser als jene, die sie ohne einen eigenen, östlichen Bezugspunkt studierten. Doch selbst das Werk dieses Mannes ist nicht mehr als eine Adaption der westlichen Methoden und ein Mittel, die wesentlichen Intuitionen Japans hinsichtlich der Welt logisch zu erklären.

Er bemüht sich, die buddhistische Erfahrung und den Begriff des Nichts im Rahmen der westlichen Philosophie zu verstehen. Nishida kritisiert die westliche Philosophie, die selbst dann durch das Konzept des Seins beschränkt bleibt, wenn sie den Begriff des Nichts untersucht, da sie nicht imstande ist, das Nichts zu begreifen, ohne es als Etwas zu betrachten. Für Nishida aber ist das höchste Nichts, die Leere, zugleich der reichste und vollkommenste Seinszustand, die Grundlage jeglicher Existenz in Natur und Geschichte. Es kann als Hintergrund jedes Phänomens betrachtet werden. Das typische östliche Genie ist ganz und gar nicht auf Formen angewiesen. Ein japanisches Rollbild hat »Form ohne Form, Höhe ohne Höhe, Tiefe ohne Tiefe und Breite ohne Raum«, denn der allzeit präsente Hintergrund ist nicht eine höchste Idee und ein Sein, sondern ein alles durchdringendes Nichts. Hierin liegt der Unterschied zwischen der emotionalen Wirkung westlicher und japanischer Kunst. Letztere zeigt »Leid ohne den Schatten von Traurigkeit und Freude ohne den Anflug des Freuens«. Es ist eine rahmenlose Kunst in schwarz und weiß, die alle Schattierungen dieser farblosen Farben verwendet, aber sonst nichts. T. Tsudzumi, einer der führenden Kommentatoren der japanischen Kunst, verwendet als Grundlage für seine Interpretation japanischer Malerei, Lyrik, Landschaftsgestaltung und Gärtnerei das Prinzip der »Rahmenlosigkeit«. In der japanischen Philosophie und Lyrik ist das charakteristische Symbol wahrer Erleuchtung nicht der blendende und brennende Sonnenstrahl, sondern das ruhige, unpersönliche Licht des Mondes, der scheint, ohne uns zu beeinflussen. Als ich Japan verließ, schenkte Kitaro Nishida mir zum Abschied ein Rollbild, auf dem ein schwarzer Kreis sowie einige Schriftzeichen zu sehen waren, die er selbst geschrieben hatte. Wörtlich übersetzt bedeuten diese: Mond des Geistes (Herz), einsam, Kreis (vollkommen), Licht, zehntausend Bilder, schlucken. Die Worte deuten darauf hin, dass eine Seele, die vollkommen ist oder erleuchtet, dem einsamen Licht des Vollmonds gleicht, das alle Phänomene schluckt. Der leere Kreis steht für den Mond, das heißt den Geist, und auch für die Zeit, das buddhistische Nichts oder die Leere. Im Lichte des geistigen Mondes sind alle Dinge nur das, was sie sind, denn sie haben weder ein Woher noch ein Wohin. Was wirklich ist, ist ewig das, was es ist. Die gesamte Bewegung der Geschichte ist wie die reglose Bewegung eines Wasserfalls, der die deutlich definierte Form eines Bandes hat und doch völlig formlos ist, sich ständig verändert und doch immer gleich bleibt. Da die japanische Kultur weder von Platons Eros beeinflusst ist noch vom Glauben der jüdischen Propheten noch von chinesischen Sitten und Gebräuchen, könnte man fragen, ob sie überhaupt ein Prinzip hat. Nishida würde antworten, dass dieses Prinzip auf Empfindsamkeit und Gefühl basiert und daher nicht definierbar und für einen westlichen Intellekt kaum erfassbar sei. »Selbst unser höchstes moralisches Prinzip, die Treue zu unserem Kaiser«, führt er aus, »hat sich auf einer schlicht emotionalen Basis entwickelt.« Der gewaltige Fehler fast aller Ausländer ist zu glauben, der japanische Kaiser sei entweder Herr Hirohito oder ein Gott, der seinen Wohnsitz in Tokio hat. Für die Japaner ist er weder das eine noch das andere. Es handelt sich hier, wie Nishida hervorhebt, um ein emotionales und nicht um ein exaktes Konzept. Der japanische Geist, so Nishida, »nimmt Form ohne Form und Stimme ohne Stimme wahr«, da er überhaupt nicht intellektuell wahrnimmt. Das heißt, dass der metaphysische Hintergrund nicht weit entfernt ist von den Gegenständen, die im Vordergrund sichtbar sind. Selbst das kleinste und nichtigste Ding kann uns einen Eindruck von diesem Hintergrund vermitteln. Wenn ein japanisches Gemälde, ein Gedicht oder ein philosophischer Ausspruch ihn hervorruft, spürt man den Widerhall von etwas höchst Unbestimmtem. Die Besonderheit der japanischen Kultur liegt demnach in ihrem Bemühen, durch einen einzigen paradoxen Satz, durch ein siebzehnsilbiges Gedicht oder durch einen einzigen Pinselstrich das Wesen des Universums hervortreten zu lassen. Die Jetztgebundenheit ist typisch für ihre Weltsicht. Jeder Moment und jede Erfahrung sind vollkommen lebendig und bedeutsam. Dies erklärt auch die typischen Themen der japanischen Lyrik: Der Frosch springt, die Grille zirpt, der Tautropfen glänzt, ein Windhauch zieht vorbei. Der japanische Geist ist geübt in der phantasievollen Ausführung dieser ewigen Augenblicke. Er ist bereit, jede dieser vergänglichen Regungen der Natur als Erfahrung der absoluten Wirklichkeit anzusehen. Die chinesische Raumphilosophie baut gewaltige Strukturen aus Marmor; die japanische Zeitphilosophie bewohnt ein Holzhäuschen oder eine strohgedeckte Hütte. Am Schluss eines interessanten Aufsatzes über den Unterschied zwischen westlichen und östlichen Kulturmustern zitiert Nishida ein berühmtes japanisches Gedicht: »Die wahre Weltordnung konzentriert sich in Japan, dem Land der Götter. Nähme diese Ordnung die Gestalt eines Berges an, dann würde er alle anderen überragen, so wie der ewige Fuji-san. Nähme sie die Gestalt des Wassers an, so entstünde ein endloser Ozean, der die Inseln Japans umspült. Nähme sie die Gestalt einer Blume an, so wäre dies eine wilde Kirschblüte von unvergleichlicher Schönheit. Nähme sie die Gestalt eines Schwertes an, so entstünde ein Stahl, so scharf und schmal, dass er selbst den härtesten Helm durchschnitte.« Es mag erstaunen, dass Schönheitssinn und Feingefühl der Japaner mit einem solchen extremen Nationalismus vereinbar sind. L. Harada sagt: »Wir streben nach Anmut und Ruhe einerseits und nach Heldenmut und Aktivität andererseits, auch wenn diese Dinge anscheinend unverträglich sind. Ästhetische Verfeinerung und militärische Tapferkeit, Kühnheit und Sentimentalität sind für uns mühelos miteinander vereinbar.« Es gibt zahllose Geschichten von japanischen Kriegern, die auch

Meister im Zelebrieren des Teekults oder Experten in anderen japanischen Künsten waren. Gegen Ende des 16. Jahrhunderts gab es viele Krieger, die eine Keramikdose, so wie sie im Teekult verwendet werden, der Eroberung von Land vorzogen oder ein Schloss gegen eine Teeschale aus Steingut eintauschten. Wenn ein General beschließt, sich in einen buddhistischen Tempel oder Schrein zurückzuziehen und sich dem Gebet und der Meditation zu widmen, eine häufige Erscheinung in Japan, dann gilt er als ein Mensch von guten Sitten, ja sogar religiöser Hingabe. General Matsui, der mit seinen Truppen Shanghai und Nanking besetzte, zog sich nach seiner triumphalen Heimkehr in einen kleinen Tempel zurück, der der Göttin der Barmherzigkeit geweiht ist. Die Greuel, die unter seinem Kommando bei der Besetzung Nankings geschahen, sind offenbar vereinbar mit seinem Rückzug in den Tempel der Barmherzigkeit, der dem Gedenken der Kriegstoten gewidmet ist. Es war und ist noch immer Brauch, in einem gefährlichen Augenblick oder direkt vor dem Tode ein siebzehn- oder einunddreißigsilbiges Gedicht zu verfassen. Im Harakiri vereinen sich höchstes Heldentum und ästhetische Verfeinerung. Diese angesehene Form des Selbstmords besteht aus einer kunstvollen Zeremonie und eignet sich hervorragend für die Bühne, auf der die Japaner sie wegen ihrer Schönheit und emotionalen Wirkung auch gern sehen. Der Stahl eines kostbaren Schwerts und der Duft einer zarten Kirschblüte bilden das Paradox des Yamato-

Damashii, des wahren Geistes Japans. Vor allem die Kirschblüte ist das Symbol für die richtige Art zu leben und zu sterben: einen kurzen Moment in der Schönheit herrlichster Frische blühen und sich, wenn es soweit ist, bereitwillig und ohne ein Zeichen des Schmerzes von Wind und Regen hinwegtragen lassen. Am Leben festhalten, auffällige Farben tragen und starke Gerüche ausstrahlen, wie unsere Rosen, gilt als schlechter Geschmack. Harada schließt seinen Artikel über »Einige Eigenschaften der Japaner« mit einem aufschlussreichen Vergleich zwischen der Tapferkeit der Japaner und ihrem Kunstgeschmack: »Es ist nicht verwunderlich, dass die Kirschblüte seit langem das Wahrzeichen unseres Charakters ist. So wie der Wind die Blütenblätter der Kirsche zerstreut, beendeten in einem traurigen Vorfall, der sich kürzlich in China zutrug, drei tapfere japanische Soldaten ihr Leben. Sie marschierten direkt in das feindliche Maschinengewehrfeuer und trugen eine gewaltige, geschärfte Dynamitbombe. Sie plazierten die Bombe unter Einsatz ihres Lebens so, dass sie die Soldaten selbst, aber auch eine Stacheldrahtsperre wegsprengte, wodurch die Kameraden freien Raum zum Vorrücken hatten. Es war der Geist Japans, der sie zum Handeln bewog, und wir sprechen von der Schönheit ihres Endes so wie von der Schönheit fallender Kirschblütenblätter. Kristallisiert wird dieser Geist zum schärfsten Stahl; zerstreut fällt er leise wie die Blütenblätter der Kirsche.« Das gleiche Paradox ist in einem bekannten japanischen Epigramm einfach ausgedrückt: »Auf der Glocke hohl der Falter ruhet wohl«. Der Dichter dachte an eine der riesigen bronzenen Tempelglocken, die zum Teil über siebzig Tonnen wiegen. Er betont den Kontrast zwischen dem winzigen Schmetterling und der gewaltigen Glocke, deren Ton meilenweit klingt.

Die Blume des Zen

Die geistigen Wurzeln der japanischen Denkweise liegen im Zen, einer buddhistischen Sekte ohne heilige Schriften, Doktrinen, Zeremonien und Gottesanbetung. Es ist die wahre Quelle ihrer Philosophie ohne Konzepte. Zen stammt aus China und gründet auf der sogenannten Blumenpredigt Buddhas. Nachdem dieser fünfundvierzig Jahre lang die Wahrheit gepredigt hatte, erklärte er, dass er noch kein einziges Wort über die Wahrheit gesagt habe. Die Blumenpredigt bestand nur aus einer Geste. Er hob schweigend eine Blume hoch. Nur einer seiner Schüler verstand, dass diese stumme Geste Ursprung und Ziel seiner gesamten Lehre war. Nach dem 13. Jahrhundert wurde Zen in Japan zu einer besonderen Form der geistigen Schulung und Selbstbeherrschung durch Meditation entwickelt. Es war vor allem bei den Kriegern beliebt, beeinflusste aber auch Künstler und Gelehrte. Die Literatur des Zen besteht hauptsächlich aus verzwickten Anekdoten und Sammlungen von »Testfragen«. Deren Sinn liegt nicht darin, eine exakte Antwort nahezulegen, sondern die Suche nach einer Antwort zu provozieren. Ein berühmter Zen-Priester forderte seine Schüler heraus, indem er von ihnen verlangte, das Geräusch einer seiner Hände zu hören. Selbstverständlich wusste er, dass nur zwei Hände ein Geräusch machen können, aber so forderte er den gesunden Menschenverstand heraus. Ein weiteres Beispiel für eine Testfrage ist die eines Mönchs: Welches ist die reinste Form der Wahrheit? Sein Meister antwortete: Die Hecke um ein Klosett herum. Die Bedeutung hiervon ist, dass die Reinheit der ganzen Wahrheit auch das Geringste und Hässlichste umschließt. Die kreative Kraft des Zen ist kaum zu überschätzen. Aus ihm bezieht die gesamte japanische Kunst ihre Wirkung. Malerei, Lyrik, Landschaftsgestaltung und Architektur, Blumensteckkunst und der Teekult sowie Fechten, Bogenschießen und sogar die Kriegskunst werden von ihm beeinflusst. Zen-Meister sind auch gute Erforscher der konfuzianischen Klassiker und der Shinto-Literatur. Die dem Zen gemäße Ausdrucksweise ist der reine Hinweis ohne jegliche rationale Erklärung. Dies führt natürlich zu Ergebnissen, die uns rätselhaft erscheinen. Die traditionelle Illustration hiervon ist ein Zen-Gemälde, das einen lachenden Mönch darstellt, der auf den Mond zeigt. Die Erklärung ist, dass das Zeigen auf den Mond (die Wahrheit) einen Zeiger erfordert, doch dass man nicht so töricht sein sollte, den Finger mit dem Mond zu verwechseln. Daher sind Bilder, Worte, Konzepte und Doktrinen nie mehr als Zeiger. Wer diesen Zeigern folgt, erfasst die gesamte Wahrheit durch Intuition, in einer plötzlichen Erleuchtung ohne Denken und Analyse. Dieses Prinzip liegt auch der beliebten japanischen Gedichtform, dem Haiku, einem siebzehnsilbigen Epigramm, und seiner Philosophie zugrunde, die B. H. Chamberlain in seinem Aufsatz »Bashō und das japanische Epigramm« vortrefflich interpretiert. J. Bashō (1644–1694), ein Pilger und Dichter, gab ihm seine klassische Form: eine raffinierte Mischung aus alltäglicher, nüchterner Beobachtung und erhabener Weltbetrachtung. Ausländern entgehen die ursprüngliche Frische und der versteckte Sinn seiner Epigramme, die Pointe wird durch die umständlichen Umschreibungen in der Fremdsprache vergröbert. Was in wörtlicher Übersetzung als kompletter Unsinn erscheint, ist indes hochkonzentrierte Bedeutung. Der gebildete japanische Leser erfasst die vielen Assoziationen und Nuancen eines jeden Wortes, doch der Ausländer benötigt Erklärungen. Manchmal geht dieser Trick des Andeutens allerdings soweit, dass selbst ein gebildeter Japaner den Sinn nicht errät. Ein Epigramm, das jeder Japaner auswendig kann, lautet wörtlich übersetzt etwa so: »Alter Teich, Frosch, springt ins Wasser, Geräusch«. Für uns sind Frösche lächerliche Geschöpfe, über die Gedichte zu schreiben sich kaum lohnt. In Japan hat der Frosch neben seinem Alltagsnamen (Kairu) aber noch einen literarischen Namen (Kawazu), und sein Quaken wird als eine Art Gesang betrachtet. Es gibt dort sogar einen Singfrosch. Das kleine Gedicht verweist auf eine ganze Lebensphilosophie. Es bedeutet ungefähr dies: Das Leben ist wie das Geräusch beim Sprung eines Frosches, töricht, erbärmlich und vergänglich; es verursacht ein kleines Geräusch, das schnell verhallt, und dann senkt sich wieder völlige Stille über den alten Teich. Das Gedicht ist eine Intuition, die eine ganze Philosophie in einem einzigen Augenblick und in einem einzigen Ereignis erfasst. Gleichwohl gibt es im Zen einen geistigen Prozess und auch eine Entwicklung. Ein Zen-Meister hat gesagt: Bevor man Zen praktiziert, sind Berge nur Berge und Flüsse Flüsse und sonst nichts. Sobald man ein gewisses Verständnis gewonnen hat, hören die Berge jedoch auf, nichts als Berge zu sein, und Flüsse sind nicht mehr bloß Flüsse. Aber wenn man sich durch höchste Bemühung zuletzt vollständig in Wahrheit und Seelenfrieden versenkt hat, werden die Berge wieder zu Bergen und die Flüsse wieder zu Flüssen. In dieser Bestätigung des So-Seins besteht der letzte Schritt der Zen-Meditation. Diese ungetrübte Erfahrung scheint fast identisch mit sinnlicher Wahrnehmung, doch ihre unabänderliche Endgültigkeit ist ganz anders. Von diesem Standpunkt aus ist das Universum nicht wichtiger als das Summen einer Mücke. Eine berühmte Illustration des im Zen wirksamen geistigen Prozesses ist die häufig erzählte Geschichte von einem Hirten, der seine Kuh sucht, die seine Seele darstellt. Nachdem er viele Hindernisse überwunden hat, findet er eine Spur von ihr. Dann sieht er ihren Schwanz, dann den Körper und den Kopf. Er müht sich, das Tier einzufangen. Erschöpft, aber glücklich reitet er auf dem Rücken der Kuh nach Hause. Er spielt auf seiner Flöte, ohne sich oder die Kuh zu beachten. Die Wiese ist wieder grün, die Blüten sind wieder rot; die Dinge sind wieder so, wie sie sind. Der Mond beleuchtet die Welt und seinen Geist mit völliger Leere. Alle irdischen Verwirrungen, die Gefühle von Verlust und Besitz sind verschwunden. Alles hat sich verändert und ist doch so, wie es war. Die absolute Einfachheit, die man durch den Zen erreichen kann, ist nicht die eines »sonst nichts«, sondern das Ergebnis der Verneinung unseres ersten Eindrucks, dass es sonst nichts gibt. Das wahre Wesen der Dinge offenbart sich erst, nachdem man einen Zustand völliger Leere durchlaufen hat. Dann offenbart der Verweis auf eine einfache Tatsache wie »der Schnee ist weiß« oder »die Krähe ist schwarz« eine reine Erfahrung jenseits von Verneinung und Bejahung. Ein bekannter Zen-Priester deutete einmal auf einen weißen Reiher und eine schwarze Krähe und bemerkte, der Reiher sei weiß, obwohl er sich nicht bleiche, und die Krähe sei schwarz, obwohl sie sich nicht schwärze. Sie sind einfach so, wie sie sind. Würde man jedoch ihren Ursprung erkunden, fände man in ihrem Herzen den ursprünglichen Grund für ihre weiße oder schwarze Färbung. Die für eine solche Form der Erleuchtung nötige Geisteshaltung wird im Westen kaum gepflegt. Völlige Gelassenheit und Ruhe von Körper und Geist sind kaum denkbar in der westlichen Gewohnheit, abwechselnd geschäftig und entspannt oder faul zu sein. »Zügle deinen Appetit und dein Verlangen, so dass dir Moos im Munde wachsen kann«, ist eine Maxime des Zen. Alle Paradoxe des Zen verweisen auf eine »Leere«, die für uns nichts anderes zu sein scheint als die Abwesenheit von Inhalt. Für den Japaner gilt sie als die beste innere Einstellung. So wie die Realität eines Zimmers weder in seiner Decke noch in seinen Wänden zu finden ist, sondern in dem leeren Raum, ist auch das Vakuum des Geistes sein wahres Wesen. Wer sich geistig völlig ausleeren könnte, wäre Herr aller Situationen; alles könnte ungehemmt seinen Geist durchdringen. »Leere« ist auch die wahre Quelle der Handlung. Es gab natürlich sogar unter den gelehrten Buddhisten einige, die die Zen-Lehrer als Gaukler verlachten. »Sie schlummern nur in ihren Sesseln und haben lasterhafte, lose Gedanken«, sagte einer ihrer Gegner im 13. Jahrhundert. Aber wie Sir George Sansom, ein Kenner der japanischen Kulturgeschichte, betonte, wäre es töricht anzunehmen, eine Meditation, die so gewissenhaft praktiziert wurde und sich so nachhaltig auf das Geistesleben zweier großer Völker, des chinesischen und des japanischen, auswirkte, könne nicht mehr sein als eine lächerliche Maskerade. Um das japanische Paradox der spirituellen Vervollkommnung und physischen Tapferkeit mit einer gewissen Endgültigkeit zu veranschaulichen, bediene ich mich der Geschichten von zwei berühmten Japanern, einem Kriegsherrn und einem Tee-Meister. Der Kriegsherr, Iyéyasu, schrieb 1616 in seinem Testament: »Ich habe neunzig Mal gekämpft, und achtzehn Mal schien der Tod sicher. Wenn ich dem Tod dennoch entronnen bin, dann wegen der Lehre der Zen-Mönche, von denen ich erfuhr, dass das Leben gleichgültig und der Tod erstrebenswert ist. Wer das Prinzip von der Eitelkeit des Lebens in seinem Herzen trägt, wird siegreich aus den Gefahren hervorgehen, denen andere erliegen.« Er war überzeugt, dass er seinen militärischen Erfolg der Meditation verdankte, durch welche die Seele und der Körper eines Mannes auf einen Punkt konzentriert werden: den Nullpunkt. Rikyu, der Begründer des Teekults, mochte als Ästhet ohne Manieren oder gar als Snob gelten. Er hatte seinen ganzen Garten mit Prunkwinden bepflanzt, die im 16. Jahrhundert selten waren. Die Kunde von diesem Garten kam dem großen General Hideyoshi zu Ohren, der Rikyus Prunkwinden zu sehen begehrte. Als er am vereinbarten Morgen erschien, war nirgends eine Prunkwinde zu sehen. Der Boden war umgegraben und mit Kieseln übersät. Der Besucher konnte sich diese Unverschämtheit nicht erklären. Schließlich wurde er in einen Teeraum geführt. Dort erblickte er in einer alten bronzenen Vase eine Prunkwindenranke mit nur einer Blüte. Aus den Tausenden von Blüten hatte Rikyu eine einzige Blume von erlesener Schönheit ausgewählt. Hideyoshi war höchst angetan. Diese Kultiviertheit ist es, welche die japanische »Einfachheit« ausmacht. Nach einer langen Freundschaft zwischen Rikyu und Hideyoshi, dem Tee-Meister und dem Krieger, bezichtigten die Feinde Rikyus ihn, an einer Verschwörung gegen den Despoten beteiligt zu sein. Er wurde verurteilt, doch gewährte man ihm das Privileg, durch Harakiri zu sterben. Rikyu lud seine Freunde in sein berühmtes Teehaus ein, wo er ein kostbares Rollbild aufbewahrte, das auf die Vergänglichkeit des Lebens hinwies. Er servierte den Gästen Tee. Dann schenkte er jedem von ihnen zum Abschied einen der Gegenstände, die im Teekult verwendet werden. Nach der stummen Zeremonie verließen sie den Raum. Nur einer blieb, denn er sollte die makellose Durchführung von Rikyus Selbstopfer bezeugen. Rikyu legte seinen Teeumhang ab, unter dem die weiße Todesrobe zum Vorschein kam. Bevor er sich den Dolch auf die vorgeschriebene Weise in den Leib rammte, deklamierte er den traditionellen Totengesang: »Willkommen, o Schwert der Ewigkeit. Durch Buddha und durch Dharma hast deinen Weg du geschnitten.«

Verwestlichung per Erlass

Obwohl es unter japanischen Intellektuellen kurzzeitig Mode war, sich höhnisch über die Vergangenheit zu äußern, ist die Sitte der Treue, des Gehorsams und der Opferbereitschaft viel stärker. Man darf nicht vergessen, dass die Übernahme der westlichen Lebensweise auf einem Akt des Gehorsams gegenüber einem kaiserlichen Erlass beruhte, auf Treue und nicht auf einer spontanen Emanzipationsbewegung. Die große Revolution von 1868 war auch eine Restauration der Kaisertreue. Der äußerste Test, den jeder Japaner schon aufgrund seiner nationalen Zugehörigkeit besteht, ist die Bereitschaft, sein Leben für Land und Kaiser oder, früher, für den Feudalherrn zu opfern. »Der Patriotismus«, schrieb B. H. Chamberlain vor vierzig Jahren an Lafcadio Hearn, »ist wichtiger als alles andere. Er kommt noch vor dem Christentum, vor der Demut und sogar vor Fairness und Wahrheit.« Natürlich liebt jeder sein Vaterland, doch nur für den Japaner ist sein Land grundsätzlich das Land seiner Ahnen. Die japanische Familie ist keine Familie in unserem Sinne, das heißt ein Mann, seine Frau und die Kinder, losgelöst von den Eltern und Großeltern. Die japanische Familie ist keine individuelle Einheit, sondern das Zentrum und die Substanz von Staat und Gesellschaft, einschließlich der Eltern und Großeltern. Der Großvater ist das Familienoberhaupt, während der Enkel die Garantie für die Fortsetzung des Ahnenkults ist. Die Japaner leben für die Zukunft, denn sie leben in Gegenwart der Toten, die als Geister der Ahnen noch immer präsent sind. In jedem Haus gibt es einen kleinen hölzernen Schrein mit den Tafeln der Verstorbenen. Ursprung und Höhepunkt des gesamten Systems von Familie und Ahnen ist die kaiserliche Familie, die von der Sonnenkönigin abstammt. Das »große

Haus« (Oyake) der kaiserlichen Familie ist das Stammhaus, aus dem all die »kleinen Häuser« (Koyake) des Volkes hervorgehen. Vaterlandstreue und Achtung vor den Eltern sind nah verwandt und durch den Ahnenkult miteinander verbunden. Jedes japanische Kind verbeugt sich vor Beginn des Unterrichts in Richtung des Kaiserpalastes in Tokio, so wie es auch den Tafeln im Familienschrein seine Ehrerbietung bezeugt. Vaterland und Kaiserhaus sind für die Japaner ein und dasselbe. Daher sind die sozialen und moralischen Grundlagen des japanischen Patriotismus etwas ganz anderes als das, was wir bei uns ohne Verehrung der Ahnen und eine kaiserliche Familie Patriotismus, Nationalismus und Imperialismus nennen. In gewisser Weise ist der japanische Nationalismus viel tiefer und umfassender als der in totalitären Staaten, denn er ist in das soziale System integriert und fußt damit auf dem Ahnenkult des Familiensystems und der Staatsreligion, dem Shinto. Japan ist der einzige moderne Staat mit einer echten Staatsreligion, die das soziopolitische System nicht überschreitet oder beeinträchtigt, sondern stützt. Die Nazis in Tokio beneideten die Japaner darum, denn sie erkannten, dass der Führerkult und die Propaganda vom Tausendjährigen Reich nie an die Originalität und die historische Tragweite des japanischen Shintokults heranreichen können, durch den die Regierung zum Kultgegenstand wird. Eine solche Verschränkung des politischen und religiösen Systems ist nur in einem Land möglich, das keine christliche

Tradition hat, und nur mit einem Volk, das nicht aus emanzipierten Personen besteht, die sich aufgrund ihrer Meinung und ihres Gewissens für eine religiöse und politische Richtung entscheiden. In Japan sind Theologie und Politik gut miteinander vereinbar, denn der Kaiser ist ein göttlicher König-Priester, der herrscht ohne zu regieren, und die Menschen sind keine Nation von christlichen Persönlichkeiten, die den zentralen Wert jeder einzelnen Seele betonen, sondern eine Nation von Familien. Daher ist der Vergleich mit den Diktatoren der totalitären Staaten irreführend. Der totalitäre Staat des Westens zielt auf die völlige Auflösung der bürgerlichen Gesellschaft, und seine diktatorische Macht ist nötig, da sonst niemand gehorchen würde. Das japanische Volk ist keine moderne bürgerliche Gesellschaft, sondern eine uralte historische Gemeinschaft, und in Notsituationen wird die auf Ahnenkult und Familiensystem beruhende religiöse Gemeinschaft zur tragenden Größe. Die Autorität des Kaiserhauses wurde dem Volke nicht aufgezwungen oder mit Macht durchgesetzt, sondern sie wird traditionell als die natürliche Grundlage des Gemeinschaftssinns anerkannt. Die Kaisertreue basiert nicht auf persönlicher Überzeugung oder dem phantastischen Glauben an eine übernatürliche Kraft. Sie ist die Ausweitung der Achtung vor den Eltern auf die kaiserliche Familie, verstärkt durch Tradition und Gefühl. In japanischen Kindergeschichten wimmelt es von Anekdoten über heroische Opfer im Zeichen der Ehre und des tragischen Konflikts zwischen Elternrespekt und Lehnstreue. Der militärische Bushido-Kodex mit seiner Betonung der Todesverachtung und der friedliebende Buddhismus waren gemeinsam an der Gründung der Staatsreligion, des Shinto, beteiligt. Es fällt uns schwer zu verstehen, warum die wichtigsten Werte für den japanischen Geist niemals »Leben, Freiheit und das Streben nach Glück« waren, sondern Treue, Geringschätzung des Lebens und ein ehrenvoller Tod. Die Japaner sind an Unheil und Katastrophen in Form von Erdbeben, Taifunen und Feuer gewöhnt, während wir an Komfort und soziale Sicherheit gewöhnt sind. Sie finden es nicht schlimm zu sterben, während unsere sozialen Einrichtungen den Tod vor uns verbergen. Sie geben ihr Leben, nicht nur für ihren Kaiser, der für sie Ursprung und Oberhaupt ihrer Ahnenreihe ist, sondern auch als Sühne für alles Unrecht, dessen sie möglicherweise schuldig geworden sind. Sie glauben durch den Tod das vollenden zu können, was sie im Leben nicht vollenden können. Sie finden im Tod die Lösung der Probleme, die sie hier nicht lösen können. Dies alles ist auf den Einfluss des Buddhismus zurückzuführen. Ein gewisser Fatalismus ist für die Japaner die menschlichste und natürlichste Haltung. Sie tun den einzelnen Menschen mit einem Shikataga-nai, das heißt »da kann man nichts machen«, ab. Ihr Abschiedsgruß weist ebenfalls darauf hin. Anstelle unseres »Auf-Wiedersehen« sagen sie »Sayonara«, was bedeutet »da es so sein muss«. Und anstelle unseres »Wie geht es?«

sagen sie »Okawari-gozaima-zen-ka«, was bedeutet »ich hoffe, dass es keine Veränderung gab«, das heißt keine unangenehme Veränderung, seit wir uns zuletzt trafen. Einmal wurde ich von einem japanischen Kollegen in ein Restaurant eingeladen. An der Wand hing ein Rollbild, dessen Schriftzeichen ich nicht verstand. Der Japaner hatte ebenfalls Mühe, sie zu verstehen. Schließlich begriff er die Bedeutung, die »Nichts passiert« lautete. Das Rätsel besteht darin, dass die »Leere«, in der nichts passiert, auch die Quelle aller Ereignisse der japanischen Kultur ist, des Handelns, der Veränderung und höchster Anstrengung. Sie ist, wie es ein Zen-Gelehrter ausdrückt, die »Stille des Donners«. »Diese Stille«, fährt er fort, »durchdringt alles Östliche. Wehe denen, die sie mit Verfall und Tod verwechseln, denn sie werden von einer gewaltigen Aktivität überwältigt werden, die aus dieser ewigen Stille hervorbricht.«

Karl Löwith

Japans Verwestlichung und moralische Grundlage

1942–1943

Ein paar Jahre im Fernen Osten sind für ein kritisches, das heißt differenziertes Verständnis unserer selbst fast unerlässlich. Alle unsere Begriffe und Worte wie *Diktatur* und *totalitärer Staat*, *Kaiser* und *Familie*, *Treue* und *Aufrichtigkeit*, das *Menschliche* und das *Göttliche* haben, auf die Japaner angewandt, eine andere Bedeutung und einen anderen Wertmaßstab. Im Folgenden beschäftige ich mich nur mit der Nationalpsychologie, die sich im Privatleben und in der Religion des japanischen Volkes zeigt. Ich versuche nicht, die Frage »Wer führt Japan?« unmittelbar durch eine politische und wirtschaftliche Analyse zu beantworten.

Einige charakteristische Eigenschaften der Japaner: Sensibilität und Höflichkeit

Die meisten japanischen Bräuche, Handlungen und Reaktionen sind das direkte Gegenteil von unseren.

Werkzeuge werden anders verwendet: Dort, wo wir drücken würden, ziehen sie; in Japan wird der geschlossene Regenschirm an der Spitze getragen, während der Griff nach unten zeigt; beim Adressieren von Briefen steht die Stadt ganz oben und der Name zuletzt; gelesen und geschrieben wird von rechts nach links; die Farbe der Trauer ist weiß statt schwarz; die Höflichkeit verlangt, dass die Frau ihr Tuch abnimmt, wenn sie einen Mann begrüßt, während der Mann seinen Hut abnimmt, wenn eine Dame den Fahrstuhl betritt. Die gleichen Gegensätze finden sich auch im Fühlen und Denken. Ein japanisches Hausmädchen, das kostbares Porzellan zerbrochen hat, lacht, während sie es der Hausherrin berichtet. Diese »Unverschämtheit«, wie es der verblüffte Ausländer nennen würde, ist ein Ausdruck der tiefsten Beschämung.

Eine besonders ausgeprägte Sensibilität ist eine der typischsten Eigenschaften der Japaner. Sie kultivieren ihre Stimmungen. Ihre gesamte Kultur ist eine »Kultur des Fühlens«. Die Kehrseite dieser Sensibilität sind jedoch extreme Selbstbeherrschung und Humorlosigkeit, da Humor ja eine klare und objektive Distanz des Menschen zu sich selbst voraussetzt. Die Japaner aber haben vollauf mit sich selbst und ihrer Sensibilität zu tun. Es war wirklich traurig anzusehen, wie schwer es ihnen fiel, unsere viel zu direkten und beharrlichen Fragen angemessen zu beantworten. Daher fällt es einem Ausländer sehr leicht, eine gewisse Überlegenheit über diese

Leute zu gewinnen und auszuüben. Der Preis hierfür ist jedoch hoch. Ein einziges unbedachtes Wort, ein Moment des Ungeduld oder, noch schlimmer, ein Wutausbruch können eine persönliche Beziehung für immer zerstören.

Mit der tief verwurzelten Sensibilität einher geht die japanische Höflichkeit. Sie ist wie ein Zaun, der sowohl die eigenen Gefühle als auch die anderer beschützt. Durch ihn wird jede spontane Lebensäußerung unpersönlich. Es wäre sehr unhöflich, jemanden mit *richtig* oder *falsch* zu konfrontieren. Der direkte Weg ist barbarisch; der kürzeste Weg im Umgang mit einem Asiaten ist immer der Umweg, der einen Kompromiss in Aussicht stellt. Andernfalls verliert er sein Gesicht – und dies wäre eine Katastrophe. Daher sind für wichtige Geschäfte Vermittler so nützlich. Durch sie kann ein direkter Konflikt vermieden werden, und beide Parteien bewahren ihr Gesicht. Umwege, Kompromisse und Gesichtsbewahrung sind Formen der Höflichkeit.

Goethe prägte den Ausspruch »Im Deutschen lügt man, wenn man höflich ist«. Das ist sehr deutsch, und man darf sich fragen, ob die deutsche Art, sich gegenseitig direkt und unvermittelt die Wahrheit zu sagen, die beste ist. In Japan wird die nackte Wahrheit niemals gesagt – und genau deshalb ist Höflichkeit auch keine Lüge! Lügen sind nur dann Lügen, wenn sie an der Wahrheit gemessen werden. In Japan ist dagegen die Höflichkeit – oder wenn man so will: eine konventionelle Lüge – das Kriterium für die Wahrheit. Unsere Vorstellung von der Wahrheit beinhaltet die Annahme der persönlichen Aufrichtigkeit, und diese Annahme stammt aus der christlichen Ethik, nach der die Aufrichtigkeit eines Menschen von einem göttlichen Wesen beurteilt wird, das »uns ins Herz schaut«. Durch dieses Gebot klagt man die Aufrichtigkeit desto lauter ein, je weniger sie vorhanden ist. Die Japaner aber werden durch solche tiefgreifenden Widersprüche eines christlichen Bewusstseins nicht behindert. Die Wahrheit ist für sie eine sehr pragmatische Angelegenheit, die sich an die jeweilige konkrete Situation anpassen lässt. In einem bestimmten Moment, im Gespräch mit einer bestimmten Person gibt es nur eine Art, seine Meinung auszudrücken, und diese beinhaltet Höflichkeit und die Beachtung der erwarteten Reaktion. Da aber die Reaktion des Gegenübers nicht vorhersagbar ist, bleibt die Wahl der richtigen Formulierung eine Sache des Fühlens und Ahnens, des Takts und des guten Geschmacks. Die Wahrheit offen in Form einer persönlichen Meinung auszudrücken, ist in den Augen der Japaner barbarischer Egoismus, der die Gefühle des anderen missachtet. Eine Konsequenz dieses rücksichtsvollen Wahrheitsbegriffs ist, dass er nur in einer Atmosphäre der Gegenseitigkeit funktioniert, in stillschweigender Übereinkunft über die Spielregeln.

›Das moderne Japan‹ ist ein widersprüchlicher Begriff und existiert dennoch

Die japanische Lebensweise setzt sich aus zwei gegensätzlichen Tendenzen zusammen, wobei die eine die andere überlagert und allmählich in sie eindringt. Das japanische Leben findet auf zwei Ebenen statt, die durch die alten Traditionen der östlichen Antike und die neuen Erfindungen der westlichen Moderne geprägt sind. Die Japaner tragen nicht nur zwei unterschiedliche Arten von Kleidung – Kimonos zu Hause und ausländische Anzüge im Büro –, sondern sie denken und leben auch wie manche Amphibien, die Lungen und Kiemen haben.

Um die gegenseitige Beeinflussung der vermeintlichen Antipoden Antike und Moderne zu verstehen – gegensätzlich für uns, aber in idealer Verbindung für die Japaner, die für sich eine einzigartige Fähigkeit zur Synthese reklamieren –, muss man erkennen, welche gewaltigen Probleme mit dem Übergang von einer patriarchalischen Gesellschaft zu einer modernen Industrienation verbunden waren und noch sind. 1868, zum Zeitpunkt der Öffnung Japans, war die japanische Gesellschaft noch nicht weiter entwickelt als die alten westlichen Gesellschaften vor 400 oder 500 Jahren. Das Land wurde plötzlich einer extremen sozialen Revolution unterzogen, die die Abschaffung des Feudalsystems, die Unterwerfung des Militärs, die Missachtung der religiösen Traditionen, ein allgemeines Stimmrecht nach dem

Vorbild der westlichen bürgerlichen Gesellschaften, eine Expansion der Industrie, die Volksvertretung durch eine Regierung und eine neue Wohlstandsaristokratie mit sich brachte.

Die Geschwindigkeit dieses Wandels war so atemberaubend, dass die Japaner selbst glaubten, eine moderne Nation geworden zu sein, die sich von der ihrer Ahnen grundsätzlich unterschied. Viele der jüngeren Leute, die ich kennen lernte, waren sehr enttäuscht, als ich ihnen sagte, dass sie sich nur den Buchstaben, nicht aber den Geist unserer Philosophie und Kunst, unserer Methoden und Institutionen angeeignet hätten. Diese jungen Intellektuellen waren unzufrieden über die Einschränkungen durch traditionelle Bräuche und daher eifrig bemüht, unsere mehr durch Rationalität und weniger durch Zeremonien geprägten Denk- und Handlungsweisen nachzuahmen. Doch das Ergebnis war meist nur eine tragische Orientierungslosigkeit. Die Heldengeschichten über kriegerische Samurai in den alten japanischen Filmen langweilten sie und so gingen sie sechsmal pro Woche in denselben dummen ausländischen Film; sie interessierten sich nicht mehr für ihre klassischen No-Stücke, die von maskierten Männern aufgeführt werden, dafür mochten sie das moderne Theater Gorkis und Ibsens, dessen moralische und soziale Hintergründe sie nicht verstanden. Sie lehnten die Armee und die Kriegsmarine mit ihren altmodischen Vorstellungen von Ehre, Pflicht und Opferbereitschaft ab und machten sich manchmal sogar über den Glauben der Ahnen lustig, aber – und das ist eine wichtige Ausnahme – sie belächelten oder bezweifelten niemals die Basis und den Sinn der japanischen Nation: die Kaisertreue. Zwar glaubten viele von ihnen nicht mehr an die japanische Mythologie, aber dieses eine kam als Diskussionsgegenstand nicht in Frage, nicht einmal in Gedanken. Es war einfach ein Tabuthema auch für jene, die sich für emanzipiert hielten, ohne es wirklich zu sein. Denn in jeder wichtigen Entscheidung – etwa bezüglich Heirat und Berufsweg – folgen selbst jene skeptischen Intellektuellen fast immer dem Rat des Familienoberhaupts.

Die Bräuche des freiwilligen Gehorsams, der Treue und der Autoritätsgläubigkeit sind viel stärker als ein gelegentliches Belächeln der Vergangenheit, das eine kurze Zeit lang eine aufgesetzte Mode war. Man darf nicht vergessen, dass die ganze Übernahme der westlichen Kultur auf Gehorsam beruhte. Das große Paradox der Verwestlichung Japans besteht darin, dass sie auf kaiserlichen Erlass erfolgte, also auf Treue und nicht auf einer spontanen Emanzipationsbewegung beruhte. Alle heutigen Erfolge Japans werden unter anderem deshalb erzielt, weil seine große Revolution gleichzeitig eine Wiederherstellung der Kaisertreue war. Die erstaunliche Umwandlung war nur möglich, weil dieses Volk schon lange Selbstverneinung, Unterordnung, Treue und Opferbereitschaft gelernt hatte. Daher haben die beiden japanischen Lebensweisen nicht die gleiche Bedeutung und Reichweite. Die eine ist nur Mittel zum japanischen Zweck, während die andere ein Zweck an sich ist. Das wahre japanische Leben, das Gefühl und das Denken sind im Wesentlichen unverändert geblieben. So wie sie vor Jahrhunderten waren, sind sie im Prinzip auch heute noch. Die herrlichen Vulkane, Berge, Wälder und Flüsse beheimaten noch immer örtliche Gottheiten. Der Familienschrein in jedem Haushalt ist eine ständige Erinnerung an die religiösen Bräuche und Kulte der Griechen und Römer, und das Heidentum ist hier noch immer eine lebendige Kraft, so frisch und ursprünglich wie vor Christi Geburt. Gleichzeitig entdeckt man, dass Europa noch immer ganz christlich ist, einschließlich seiner antichristlichen Tendenzen. Der Begriff ›modernes Japan‹ ist ein Widerspruch in sich, da das Moderne westlich und das Nippon Seishin (das wahrhaft Japanische) nicht modern, sondern undenkbar alt ist. Alles, was im gegenwärtigen Japan zur wahren Kultur zählt – edle Einfachheit, gepflegte Manieren, feine Bräuche, erlesener Geschmack, hohe ethische Maßstäbe, extreme Selbstkontrolle, Selbstverneinung und Treue – ist nicht neu, sondern die Bewahrung des Uralten. Und die Japaner werden zeitig alt.

Die Japaner sehen das Problem der Integration des Alten und des Neuen recht optimistisch. Sie wollen das Beste der japanischen Kultur bewahren, ihm die Errungenschaften der westlichen Zivilisation hinzufügen und auf diese Weise das Gute und Nützliche mitnehmen, das Schlechte und Schädliche aber zurücklassen, um uns auf diese Weise zu übertreffen. Fast alle mir bekannten Japaner glaubten, sie hätten nun alles Wichtige von uns gelernt und es sogar verbessert (so wie ihre billigen Imitate deutscher und amerikanischer Arzneien mit der Aufschrift »verbessert«) und stünden daher über uns.

Statt einer echten Synthese habe ich aber immer wieder das Gleiche beobachtet: einen Mangel an Integration und ein Leben auf zwei Etagen, im Erdgeschoss ganz japanisch und oben halb verwestlicht. Die natürliche Folge hiervon ist eine zwiespältige Haltung zur westlichen Zivilisation. Sie können sie nicht richtig aufnehmen und fühlen sich dennoch von ihr abhängig, ihr gleichzeitig aber auch überlegen. Sie bewundern, imitieren und verachten sie. Sie haben gleichzeitig einen Minderwertigkeits- und Überlegenheitskomplex. Sie bewundern die rationale Energie der Weißen, ihren Erfindungsreichtum, ihre Schöpferkraft und die Dynamik unserer Geschichte – und verachten unsere Zivilisation für ihren »Materialismus«, das heißt zu viel Sorge um persönliches Glück, Gesundheit und Wohlstand, Bequemlichkeit und Leben. Es lässt sich nicht bestreiten, dass der durchschnittliche Japaner im Vergleich mit uns viel weniger materialistisch eingestellt ist. Er wird im Geiste der Bescheidenheit und Genügsamkeit erzogen und ist extrem anspruchslos. Der japanische Lebensstandard ist der höchste in der asiatischen Welt, aber extrem niedrig nach amerikanischen Wertmaßstäben, und das ist die Stärke der Japaner.

Wer von unseren Studenten und Lehrern wäre mit dreimal täglich lauwarmem Reis mit Essiggemüse zufrieden, der einmal am Tag mit einem Happen Fisch gewürzt ist?

Wenn ich mich an die hochintelligenten und oft sehr sympathischen Studenten erinnere, die ich unterrichtete, bin ich mir fast sicher, in welche Richtung sich ihre intellektuelle Verwestlichung entwickeln wird. Diese Richtung wurde schon in den fünf Jahren erkennbar, in denen ich mit ihnen arbeitete. Zuerst zeigten sie einen unschuldigen Respekt für unsere Philosophie und Literatur. Sie arbeiteten hart, wenn auch mit asiatischer Ruhe und ohne irgendwelche materiellen Ansprüche. Sie lasen Hegel auf Deutsch, Platon auf Griechisch, Pascal auf Französisch, Hume auf Englisch und einer von ihnen das Alte Testament auf Hebräisch. Es war wirklich erstaunlich, als ich zum ersten Mal ins Institut kam: Einer studierte Aristoteles, ein anderer Hegel und Kierkegaard, wieder einer Barth, Heidegger und Jaspers, einer übersetzte Burckhardts Weltgeschichtliche Betrachtungen (das noch nicht einmal ins Englische übersetzt ist!) und mein Assistent studierte die deutsche Literatur des Mittelalters im Original, das ich selbst nicht verstand. Doch all diese Bücher waren für sie nur Bücher, ohne Beziehung zu ihrem wirklichen historischen Hintergrund und zum japanischen Fühlen und Denken. Obwohl sie sich viele Jahre lang mit der westlichen Denkweise beschäftigten, hatte dies keinerlei Einfluss auf ihr Denken und Handeln. Eines Tages werden sie das erkennen, das Fach wechseln und den hoffnungslosen Ehrgeiz aufgeben, sich etwas anzueignen, das ihnen völlig fremd ist. Dann wird das Gleiche passieren, was schon mit der älteren Generation passierte, die vor zwanzig oder dreißig Jahren in Europa und Amerika studierte: Sie kehrten an die japanischen Universitäten zurück, um das zu lehren, was sie – mehr oder weniger zufällig – gelernt hatten. Im Alter von ungefähr fünfzig erkannten sie, dass die Welt unserer großen Literatur und Philosophie nicht die ihre ist. Sie verloren ihr Interesse an ihr und ihr Beruf wurde zur reinen Routine, indem sie alle zwei Jahre denselben veralteten Kurs wiederholten. Aber privat widmeten sie sich jetzt tatsächlich japanischen Gegenständen aus Kunst, Musik oder Literatur. Selbst politisch wurden aus ehemaligen Liberalen fast reine Nationalisten. Die jüngere Generation wird das Gleiche tun, wobei sie durch die Neuasiatisierung im Rahmen eines gewaltigen politischen Plans unterstützt werden. Tun sie das nicht, so werden sie sich zwischen zwei Stühle setzen, da sie ihren naiven Glauben an den Westen, gleichzeitig aber auch den Kontakt mit ihrer eigenen Tradition verloren haben.

Gesellschaftliche Solidarität

Japans Verwestlichung war erfolgreich in der Aneignung unserer materiellen Zivilisation, aber, wie ich glaube, erfolglos in Bezug auf die geistige Aneignung unserer kulturellen Grundlagen. Der Fall liegt nämlich ganz anders, wenn wir uns von Japans Verwestlichung seinen moralischen Grundwerten zuwenden. Mit Ausnahme einer kleinen Gruppe japanischer Christen ist das moralische Fundament fast völlig frei von jeglichen westlichen Einflüssen. Es lässt sich mit zwei Worten umreißen: Treue und Solidarität. Der absolute Prüfstein für die Treue, dessen sich jeder Japaner bewusst ist, nur weil er Japaner ist, ist die Bereitschaft, das Leben für sein Land und den Kaiser bzw. früher den Feudalherren zu opfern.

Als ich sagte, dass selbst diejenigen, die vor zwanzig Jahren Liberale waren, fast reine Nationalisten wurden, hätte ich besser sagen sollen, dass sie wieder zu dem wurden, was jeder Japaner ist: Patrioten im unmittelbaren Sinne des Wortes. »Der Patriotismus«, schrieb B. H. Chamberlain vor vierzig Jahren an L. Hearn, »ist wichtiger als alles andere. Er kommt noch vor dem Christentum, vor der Demut, ja sogar vor Fairness und Wahrheit«. Patriotismus bedeutet Liebe zum Vaterland. Jeder liebt natürlich sein Vaterland, sofern er eines hat, aber nur für die Japaner ist es ganz entschieden das Land der Ahnen, denn jeder Japaner lebt und denkt innerhalb der Grenzen seiner Familie.

Die Unterordnung des Einzelnen

Die japanische Familie ist keine Familie in unserem Sinne, das heißt Mann und Frau und möglicherweise ein paar Kinder, die getrennt von Eltern und Großeltern leben. Die japanische Familie ist keine isolierte Einheit, sondern Zentrum und Substanz des Staates und der Gesellschaft, einschließlich der Eltern und Großeltern, wobei nach Möglichkeit alle gemeinsam unter einem Dach wohnen. Die wichtigsten Personen sind der Großvater und der älteste Sohn, denn beide repräsentieren die Familie als System, als lange Kette des Lebens über Generationen hinweg. Der Großvater wird als Oberhaupt der Familie respektiert und der Enkel als Garant eines andauernden Ahnenkults. Wenn leider keine Sohn vorhanden ist, sondern nur Mädchen, so adoptiert die Familie einen Sohn, um die Ehrung der Ahnen und ihre eigene Unsterblichkeit zu sichern. Daher bedeutet die Heirat nicht das Eingehen einer Partnerschaft, sondern sie zielt auf die Zeugung von Kindern ab, vor allem Jungen, um die Kette des Daseins fortzuführen. Die Japaner leben für die Zukunft, denn sie leben in Gegenwart der Toten, die als Geister noch immer anwesend sind. Jedes Haus hat auf einem Brett einen kleinen hölzernen Schrein mit den Tafeln der Verstorbenen. Ihre Geister erhalten zu bestimmten Zeiten Geschenke: einen Reiskuchen, etwas getrockneten Fisch, einen Hummer, eine Orange und eine Schale Reiswein.

Da der Zweck der Ehe vor allem in der Fortpflanzung besteht, muss der Junge keine Freundin haben und das Mädchen keine Verabredungen. Das Ehegeschäft wird auf die altmodische Weise abgewickelt: Ein älterer Freund der Eltern fungiert als Vermittler und wählt das Mädchen aus, das ihm als Ehefrau für den Sohn des Freundes geeignet scheint. Unter meinen Studenten kam es oft vor, dass der Lieblingsprofessor als Vermittler diente. Ich hatte den Eindruck, dass dieses unpersönliche Familiensystem sehr gut funktionierte. Es ist auch ein Ersatz für eine Altersversicherung. Ein japanischer Vater fühlt sich gut versichert, wenn er viele Kinder hat, denen Respekt gegenüber den Eltern und Fürsorge für sie anerzogen wurden.

Vaterlandstreue

Ursprung und Höhepunkt des gesamten Familien- und Ahnensystems ist die kaiserliche Familie, die von der Sonnengöttin abstammt. Das »Große Haus« (Oyake) der kaiserlichen Familie ist das wichtigste Haus, von dem alle »Kleinen Häuser« (Koyake) der Menschen abstammen. Kaisertreue und Respekt gegenüber den Eltern gehören eng zusammen und sind über den Ahnenkult miteinander verbunden. Jedes japanische Kind verbeugt sich vor Beginn des Unterrichts in Richtung des kaiserlichen Palastes in Tokio ebenso wie es den Tafeln im Familienschrein seinen Respekt bezeugt. Das Vaterland und das kaiserliche Haus sind für die Japaner ein und dasselbe. Daher sind die sozialen und moralischen Grundlagen des japanischen »Patriotismus« ganz andere als das, was wir ohne Ahnenkult und eine kaiserliche Familie als Patriotismus, Nationalismus und Imperialismus bezeichnen. In einem gewissen Sinne ist der japanische Nationalismus viel natürlicher und realer, totaler und existenzieller als der der totalitären Staaten, da er in das soziale System integriert ist und somit auf dem Ahnenkult des Familiensystems fußt. Dadurch ergibt sich auch eine Verbindung zur japanischen Nationalreligion, dem Shinto. Japan ist die einzige moderne Nation mit einer echten Staatsreligion, in der die Religion das sozio-politische System nicht überschreitet oder beeinträchtigt, sondern es stützt. Die Nazis in Tokio haben sie hierfür beneidet, denn sie erkannten, dass der Führerkult und die Propaganda des tausendjährigen Reichs sich niemals mit der Originalität und historischen Tragweite des japanischen Shinto-Kults messen können, durch den die Regierung automatisch zum »Kultgegenstand« (Matsurigoto) wird.

Eine solche Identität des politischen und religiösen Systems ist nur in einem Land ohne christliche Tradition und bei einem Volk möglich, dessen Individuen keine emanzipierten Persönlichkeiten sind, die sich nach ihrer eigenen Meinung und ihrem eigenen Gewissen für eine religiöse und politische Zugehörigkeit entscheiden. Um eine solche primitive Einheit des religiösen und politischen Systems in Europa zu erreichen, müsste man das Christentum beseitigen, das Gottes Dinge von Kaisers Dingen getrennt und auf diese Weise die unglücklichen Paarungen »Politische Theologie« und »Theologische Politik« geschaffen hat. Der letzte große Versuch, die Pflichten des guten »Bürgers« mit denen des guten »Menschen« zu vereinbaren, war die »bürgerliche Religion« in Rousseaus *Contrat Social* (IV, 8). Doch das Ergebnis war sein eigenes Geständnis, dass heidnischer Patriotismus und christliche »humanité« unvereinbar sind. In Japan sind beide vereinbar, denn der Kaiser ist ein göttlicher König-Priester, der herrscht, ohne zu regieren, und das Volk ist keine Nation von christlichen Persönlichkeiten, die den absoluten Wert jeder Seele betonen, sondern eine Nation von Familien. Daher ist der Vergleich mit den Diktatoren der totalitären Staaten unbedingt irreführend. Der westliche totalitäre Staat setzt die völlige Auflösung der bürgerlichen Gesellschaft voraus und seine Gewaltdiktatur ist nötig, weil sonst niemand gehorchen würde. Das japanische Volk ist keine moderne bürgerliche Gesellschaft, sondern eine uralte Gemeinschaft, und im Notfall eine religiöse Einheit, die auf dem Ahnenkult und dem Familiensystem fußt. Die Autorität des kaiserlichen Hauses wird dem Volke nicht aufgezwungen oder mit Macht durchgesetzt, sondern traditionell als die natürliche Grundlage des Gemeinschaftssinns der Menschen anerkannt. Diese Solidarität funktioniert aber nicht über demokratische Kooperation, über das öffentliche Leben und die öffentliche Meinung, sondern eher über das instinktive Gefühl, dass man zusammengehört, wie eine Familie unter ein Familienoberhaupt. Die Treue zum Kaiser ist unabhängig von persönlicher Überzeugung oder dem irrigen Glauben an seine übernatürliche Kraft. Sie ist einfach eine Erweiterung des Respekts gegenüber den Eltern auf die kaiserliche Familie, verstärkt durch Tradition und emotionale Bindung.

Die Moral von Treue und Opferbereitschaft wird zusätzlich verstärkt durch die Bushido-Moral, einen Verhaltenskodex von moralischen Prinzipien, die die Samurai zu befolgen hatten. Seit dem Beginn der neuen Ära im Jahre 1868 hat diese Klasse aufgehört, als deutlich abgegrenzte Klasse zu existieren – ihre Nachfahren gehören jetzt zur Mittelklasse. Sie hat jedoch die Moral aller sozialen Gruppen beeinflusst, indem sie über Jahrhunderte hinweg Maßstab und Vorbild für korrektes Verhalten war. Das herausragende Merkmal der Bushido-Moral ist nicht nur persönlich Treue, sondern vor allem die Lehnstreue dem Höherstehenden gegenüber. Der westliche Individualismus unterscheidet verschiedene Interessen von Vater und Sohn, Gatte und Ehefrau. Der Bushido behauptet, die Interessen der Familie und ihrer Mitglieder seien einheitlich und unteilbar. Doch selbst der Respekt gegenüber den Eltern ist nicht der höchste Maßstab für Ehre und Opferbereitschaft. In Japan galt die Treue noch höher, und die bedingungslose Treue dem Feudalherrn gegenüber wurde später auf den Alleinherrscher übertragen und mit der persönlichen Achtung vor dem Andenken der Ahnen verbunden. Die japanischen Märchen wimmeln von Anekdoten über heroische Opfer im Zeichen der Ehre und des tragischen Konflikts zwischen dem Respekt gegenüber den Eltern und der Lehnstreue.

Auch der Buddhismus mit seiner ruhigen Akzeptanz des Unvermeidlichen, seiner Gelassenheit im Angesicht von Gefahr und Unheil, seiner Geringschätzung des irdischen Lebens und seiner Sympathie für den Tod trug zur japanischen Moral der Treue bei. In Japan waren Leben, Freiheit und persönliches Glück niemals die höchsten Werte, sondern eine völlige Missachtung des Lebens, Treue und ein ehrenvoller Tod. Die militärische Bushido-Moral und der friedliebende Buddhismus arbeiteten Hand in Hand an der Ausbildung von Todesverachtung, und somit stärkten sie den japanischen Nationalismus, der durch die Nationalreligion, den Shinto, ins Leben gerufen wurde.

Uns mag es fast absurd erscheinen, dass ein militärischer Führer buddhistische Meditation oder die Teezeremonie praktiziert, um seinen Mut, seine Verwegenheit und seine Tapferkeit zu stärken, doch genau dies taten und tun die japanischen Generäle. Einer ihrer größten Kriegsherren, Iyéyasu (1543–1616), war überzeugt, dass er seine militärischen Erfolge dem Meditieren verdankte, das auch ein zentrales Element im japanischen Teekult ist. Er schrieb in seinem Testament: »Ich habe neunzig Mal gekämpft und achtzehn Mal schien der Tod sicher. Wenn ich dem Tod dennoch entronnen bin, dann wegen der Lehre der Zen-Mönche, von denen ich erfuhr, dass das Leben gleichgültig und der Tod erstrebenswert ist. Derjenige, der das Prinzip der Eitelkeit des Lebens in seinem Herzen bewahrt, wird siegreich aus den Gefahren hervorgehen, denen andere erliegen.« Der spirituelle Aspekt des Heldenmuts tritt in Form von Gelassenheit und Gemütsruhe zutage. Seelenfrieden ist schlummernder Mut.

Die große Leere beziehungsweise das Nichtssein, das durch die Meditation des Zen-Buddhismus erreichbar ist, besitzt in der Tat die Kraft, den Körper und Geist eines Menschen auf einen Punkt zu konzentrieren – den Nullpunkt – und ihn so über alle sinnlichen Impulse, privaten Gefühle und persönlichen Beziehungen zu erheben. Die letzte und wichtigste Beziehung, die zum Zwecke der grenzenlosen Treue und Todesverachtung aufzuheben ist, besteht – besonders für einen Japaner – in der Beziehung zur eigenen Familie. Zieht ein Japaner in den Krieg, so hört seine Familie auf, für ihn zu existieren. Der symbolische Ausdruck hierfür ist der Brauch, dass ihm seine Verwandten Wasser aus einer Weinschale anbieten, so wie man es tut, wenn ein Familienmitglied stirbt. Jetzt kann er sterben. Das Leben ist potenziell beendet und ist nur noch ein Mittel zum Zweck: Er dient dem Geist seiner Rasse, dem Kaiser und dem Vaterland.

L. Hearn, der 1904 die Japaner während des Krieges gegen Russland beobachtete, bemerkte (und dies ist auch heute noch gültig), dass von den Tausenden junger Männer, die in den Krieg geschickt wurden, nicht einer die Hoffnung äußerte, voller Ruhm nach Hause zurückzukehren; der häufig geäußerte Wunsch bestand darin, im Yasukuni-Schrein in Tokio Andenken zu finden, dort wo, wie man glaubt, die Seelen all derer einkehren, die für den Kaiser gestorben sind, und wo der kaiserliche Meister die Toten ehrt.

Als ich in Japan umherreiste, hatte ich oft Gelegenheit zu sehen, wie die Asche der Toten heimkehrt. Nach dem Ahnenkult muss die Asche notfalls Tausende von Meilen nach Hause befördert werden. Wenn die Familie es sich leisten kann, reist ein Bruder oder Sohn wochenlang, um die Asche heimzubringen. Meist tun dies aber Soldaten, die auf Heimaturlaub kommen. Jeder von ihnen trägt eine kleine quadratische Kiste, die in ein weißes Tuch gehüllt ist, dessen lose Enden er sich um den Hals gebunden hat. Die Kiste enthält die Asche, und so reist man Seite an Seite mit dem Toten. Wenn der Zug den Bahnhof erreicht, wo die Familie auf den Toten wartet, findet auf dem Bahnsteig eine kurze Zeremonie statt. Die Soldaten treten hinter einem kleinen Tisch an, auf den die Tafeln mit den Namen der Toten gelegt werden. Dann kommen die Offiziere und Stadtfunktionäre hinzu, verbeugen sich in tiefer Ehrfurcht vor den Tafeln und verbrennen Weihrauch. Danach tun die Verwandten und Freunde das Gleiche. Dabei fällt kein Wort und selbst die Witwe und die Kinder bewahren erstaunliche Fassung. Die Höflichkeitsregeln schreiben es vor, die Gefühle zu verbergen und in ihrem tiefen Leid gar zu lächeln statt zu weinen. Dann verlassen sie den Bahnhof mit der Asche ihres Toten. Die gesamte Zeremonie ist in ihrer edlen Einfachheit sehr anrührend.

Das Paradox des japanischen Charakters

Wir können fragen: Wie kann es sein, dass die Japaner, die im Alltagsleben so gütig und zurückhaltend, sensibel und höflich, unsicher und schüchtern sind und ganz und gar nicht militärisch wirken, dieselben Menschen sind, die gegen Russland Krieg geführt haben und jetzt gegen China, England und Amerika Krieg führen? Von einem meiner Studenten erhielt ich eine interessante Antwort: Wenn ein Japaner eingezogen wird und für den Kaiser in den Krieg zieht, geht mit ihm eine eigenartige Persönlichkeitsveränderung vor sich. Er wird ein anderer Mensch. Er entwickelt stille Energien, eine ungewöhnliche Zähigkeit und einen wilden Mut. Ich hatte zwar keine Gelegenheit, eine solche Verwandlung einer Persönlichkeit vor dem Hintergrund des Krieges zu beobachten, doch konnte ich das gleiche Potenzial im Zivilleben entdecken, namentlich im populären japanischen Theater, dem Kabuki-za, für das ein plötzlicher Umschlag von Ruhe und Selbstbeherrschung in dramatische Gefühlsausbrüche und fürchterlichen Zorn so typisch ist, und dann in der besonderen Art, wie die japanischen Sportarten ausgeübt werden. Es handelt sich hier nicht um Sport in unserem Sinne, sondern um einen nationalen Brauch, der auf den Prinzipien der Zen-buddhistischen Meditation und Konzentration aufbaut. Wenn man in Japan eine Sporthalle aufsucht, in der Bogenschießen oder Fechten trainiert werden, hat man Gelegenheit zum Staunen. Die Übung beginnt mit einer umständlichen Zeremonie der gegenseitigen Vorstellung der zwei Kämpfer. Sie nehmen ihre Plätze ein und bereiten sich geistig in völliger Ruhe und Beherrschtheit auf den Wettkampf vor. Besonders die Atmung muss unter Kontrolle gebracht werden, und dann plötzlich, auf einen grellen Schrei des Lehrers hin, beginnen sie zu kämpfen und stoßen mit völlig entstellten Gesichter wie in Ekstase in kurzen Abständen grässliche, primitive und wilde Schreie aus. Doch im nächsten Moment kehren sie in denselben unheimlichen Zustand der Selbstbeherrschung und Zurückhaltung zurück, von dem sie ausgegangen waren.

Solch ein Sport ist nicht mehr als eine harmlose Vorbereitung auf die Konzentration und Transformation, die den Japanern solch bedingungslose Treue und Opferbereitschaft verleiht. Eben diese moralische Disziplin und die Tradition sind die Quelle der wahren Kraft hinter dem unerwarteten Ausbruch aggressiver Gewalt – unerwartet durch verantwortungslose Reporter, Schaulustige und Experten, die glauben, der Verlauf der Geschichte werde vornehmlich durch die Produktion bestimmt und nicht durch Treue und Leidenschaft, Ideen und Moral.

Die rohe Gewalt, in die sich extreme Beherrschung plötzlich verwandeln kann, offenbart eine ganz typische Eigenschaft der japanischen Kultur überhaupt: das grundsätzlich Primitive ihrer Kultiviertheit. Ihre Manieren und ihr ästhetisches Gespür sind viel höher entwickelt als unsere, basieren jedoch auf einer barbarischen Grundlage. Sie sind das primitivste unter den zivilisierten Völkern und das zivilisierteste unter den primitiven. Dies zeigt sich in der Ausstattung ihrer Häuser, ihrem Essen, der Kleidung, der Kunst und der Sprache. Ich belege dies, indem ich ihre Häuser und ihr Essen beschreibe.

Sie wohnen in Häusern, die oft nicht besser sind als die Ställe auf einem amerikanischen Hühnerhof, extrem einfach und primitiv, nicht beheizbar, die Wände aus Bambus und Lehm, Holz und Papier. Die Zimmer sind fast leer, und die wenigen Habseligkeiten lassen sich leicht auf einem kleinen Karren oder sogar einer Rikscha transportieren. Eine Kommode, ein Satz Seidenkissen, um sich auf die Strohmatten zu setzen, und ein Holzkohleofen für den Teekessel – das ist alles! Und doch ist solch ein Haus gleichzeitig sehr anziehend. Es besitzt Seele, Reinheit, Ruhe und eine Schönheit, die in der Nüchternheit und der Harmonie der Verarbeitung liegt. Die papiernen Wandschirme, die sich zum Garten öffnen lassen, die natürliche Farbe der Strohmatten und das unbemalte Holz, ein paar Blumen und ein Rollbild in einer Ecke – dies alles zeugt von feinem Geschmack und einer Geisteshaltung, die man nicht vergisst.

Primitiv und kultiviert ist auch das Essen: Reis mit etwas Essiggemüse, Tee und gelegentlich ein Happen Fisch – das ist alles und bleibt die unveränderte Diät. Der Reis kommt dem westlichen Gaumen geschmacklos und lauwarm vor und den Fisch isst man am liebsten roh, was einem primitiv vorkommen mag, wenn man vergisst, dass doch rohe Austern für uns eine Delikatesse sind! Doch Reis und Tee haben auch eine moralische Bedeutung: Sie verkörpern das japanische Ideal dessen, was Assari und Sappari, genannt wird, das heißt rein und leicht, nüchtern und schlicht, geschmack- und farblos zu sein. Diese wenigen armseligen Speisen, die eine japanische Mahlzeit ausmachen, werden nun auf kunstvolle Weise angerichtet, unter Beachtung der symbolischen Bedeutung der Farben und der Jahreszeit, und schließlich mit vollkommener Eleganz und Anstand serviert. Zum Abschluss der Mahlzeit muss die Reisschale mit Tee gereinigt und der Tee mit den Resten des Reises genossen werden, denn von dieser heiligen Speise Japans darf kein Korn vergeudet werden. Und schließlich: Man darf niemals in Eile essen, so wie man es im Westen an der Theke eines Schnellrestaurants tut.

In einem Gespräch mit dem Rektor meiner Universität sprachen wir über die verschiedenen Lebensweisen in Europa und Japan. Er sagte zu mir: »In Europa und Amerika herrscht zuviel Individualismus aufgrund des Christentums. Die Menschen haben kein Verständnis für die Nichtigkeit des individuellen Lebens, sie hängen zu sehr am Leben – das ist unwürdig und unkultiviert.« Der Mann, der so offen mit mir sprach, hatte in Deutschland studiert und war Direktor des örtlichen Tuberkulosekrankenhauses. Nach unseren Vorstellungen sollte ein Arzt sich besonders für die Erhaltung des Lebens einsetzen. Natürlich wollte auch dieser Arzt die hygienischen Bedingungen verbessern und seine Patienten heilen, aber dies ohne die Überzeugung, dass das Leben an sich so lange wie möglich und unter allen Umständen erhalten werden sollte. In Japan leiden sehr viele Menschen an Tuberkulose. Sie geben nicht auf sich acht, und wenn ein Arztbesuch schließlich unumgänglich ist, sagt ihnen mein Rektor: »Na schön, sie werden jetzt ungefähr drei Jahre in einem unserer Betten verbringen müssen. Das ist alles.« Und der japanische Patient ist extrem geduldig. Er schnürt seine wenigen Habseligkeiten in ein Bündel, geht ins Krankenhaus, ergibt sich seinem Schicksal und wartet, während der durchschnittliche Bewohner der westlichen Welt über den Verlust an Zeit und Geld verzweifeln würde – zwei Dinge, die im

Osten und Westen ganz unterschiedliche Bedeutung haben.

Das eigentliche japanische Symbol für die richtige Art zu sterben ist die Kirschblüte: einen kurzen Moment lang blühen und dann von Wind und Regen vernichtet werden, in Schönheit und unbeschwerter Hingabe. Ein berühmter japanischer Gelehrter, der ein Buch über die Seele Japans schrieb, erläutert die Bedeutung der Kirschblüte folgendermaßen: »Ihre Feinheit und Anmut sprechen unseren Schönheitssinn an wie keine andere Blume. Wir können die Bewunderung der Europäer für ihre Rose nicht teilen, denn dieser fehlt die Einfachheit unserer Blume. Und dann die Dornen, die sich hinter der Süße der Rose verbergen, die Hartnäckigkeit, mit der sie sich ans Leben klammert, als hätte sie Angst, überhaupt zu sterben und nicht nur vorzeitig zu vergehen, und es vorzieht, am Stiel zu verfaulen, ihre protzigen Farben und ihr schwerer Duft – all dies sind Eigenschaften, die so anders sind als unsere Blume, die stets bereit ist, vom Leben Abschied zu nehmen.«

Die Einstellung zum Tod ist in der Tat für jede Nation und jedes Individuum das Hauptkriterium für die Bewertung des Lebens. Selbst in Deutschland, dessen Jugend gerade fürs Sterben erzogen wird, muss man sich noch dafür rechtfertigen und entschuldigen, dass man von den Menschen verlangt, sie sollen ihr Glück und Leben für den Staat opfern. Japan braucht keine besondere »Erziehung fürs Sterben«, denn dort hat man die Moral der Treue und

Opferbereitschaft und sogar des Selbstmordes, die seit langer Zeit fest etabliert und auch in Zeiten des Friedens wirksam ist. Wenn beispielsweise ein Feuer in einer Schule den Schrein mit dem Porträt des Kaisers zerstört, begeht der Direktor, der für dessen Bewahrung verantwortlich ist, Selbstmord oder tritt wenigstens zurück. Das ist mehr als Führerkult, das ist japanische Treue und die Realität eines »Mythos«, wie wir sie nennen, da wir keine angemessenen Begriffe haben, um sie zu verstehen.

Inhalt

Zweite Auflage Berlin 2023

Druck und Bindung: Artdruk, Szczecin
Satz: psb, Berlin
Umschlaggestaltung nach einer Idee von Pierre Faucheux

ISBN 978-3-88221-661-5

www.matthes-seitz-berlin.de